Rasen

schnell & einfach

> Autor: Harald Nonn | Fotografen: Jürgen Krämer und andere bekannte Gartenfotografen

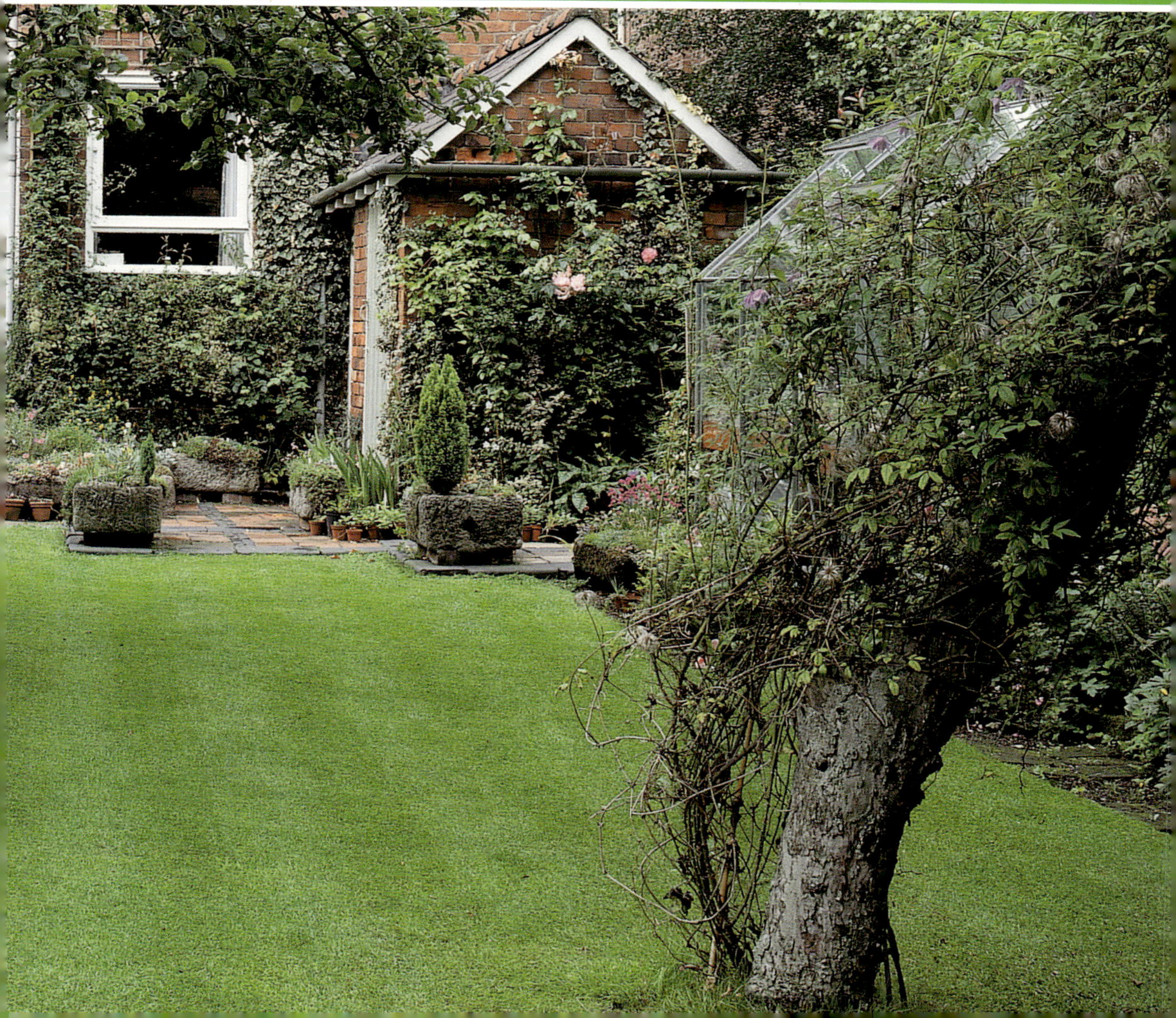

Inhalt

Rasenpraxis

Das 5-Stufen-Erfolgsprogramm

>> schnell & einfach

2 Anlegen

Mit sorgfältiger Vorbereitung und richtiger Technik wird der Traum vom grünen Rasenteppich bald Wirklichkeit.

1 Planen

Treffen Sie aus der Vielfalt unterschiedlicher Rasentypen die richtige Wahl – dann werden Sie glücklich mit Ihrem Rasen.

3 Gestalten

Ein Rasen lässt sich im Garten auf vielfältige Weise nutzen. Hier entdecken Sie, wie Sie das Grün am besten in Szene setzen.

➤ GU Serviceseiten

Rasenpraxis

Einfach unentbehrlich

Was wäre ein Garten ohne Rasen? Als sattgrüner Teppich verbindet er die verschiedensten Gartenbereiche auf schönste Weise.

Dabei ist es noch gar nicht so lange her, dass der Rasen zum

> *Gute Rasengräser sind möglichst dichtwüchsig und strapazierfähig.*

wichtigen Bestandteil des Hausgartens wurde. Genau genommen ist sein Einzug in die Gärten eng mit der Entwicklung der Rasenmäher verknüpft. Erst als in den 60er Jahren einfach zu bedienende Benzinmäher, später dann leichte Elektromäher auf den Markt kamen, wurde die Rasenpflege für jedermann machbar.

Was ist Rasen?

Ein Rasen besteht niemals aus einer einzigen Grasart, sondern ist eine Gesellschaft verschiedener Gräser. Allen gemeinsam ist, dass sie zur Familie der Süßgräser (*Poaceae*) gehören. Zu deren besonderen Merkmalen gehört ihre außergewöhnliche Regenerationskraft: Dicht am Boden besitzen sie ein fortwährend zur Teilung befähigtes Gewebe, das so genannte Meristem. Sobald das Gras geschnitten wird, wächst es von der Basis her wieder nach. Regelmäßiger Schnitt, der andere Pflanzen nachhaltig schädigen würde, macht die Rasengräser nur noch kräftiger. Mit der Zeit bilden sie dichte Horste aus oder erobern durch Ausläufer neues Terrain. In Rasenmischungen werden Grasarten beider Wuchsformen kombiniert, damit ein dichter Rasen ent-

steht. Rasen hat auch ökologischen Nutzen: 250 m² intakter Rasen produzieren pro Tag genug Sauerstoff für eine vierköpfige Familie.

Wo gedeiht Rasen?

Mit Ausnahme staunasser Böden eignet sich nahezu jeder Boden für die Anlage eines Rasenteppichs. Die Fläche muss nicht unbedingt komplett eben sein. Kleine Hügel oder Bodenwellen wirken vom satten Grün überzogen sehr reizvoll. Problematisch wird es erst, wenn das Gefälle über 30 Grad beträgt, da solche Steigungen nicht mehr vom Rasenmäher bewältigt werden können.

Mit Rasen gestalten

Die einheitlich grüne und gleichförmige Fläche eines Rasens verleiht jedem Garten Großzügigkeit, bildet den bestmöglichen Kontrast zu reich blühenden Blumenbeeten und legt Bäumen und Sträuchern einen grünen Teppich zu Füßen.

➤ Die Form der Rasenfläche beeinflusst ihre Wirkung.

Das Grün eines Rasens gehört in jeden Garten und ist eine Wohltat für Auge und Seele.

Geradlinige, rechtwinklige Kanten haben einen stark ordnenden Effekt. Sie passen sehr gut in formale, klassische Gestaltungen. In sanft geschwungenes Bögen umrissenes Rasengrün vermittelt hingegen einen natürlichen Eindruck und sollte in zwanglos gestalteten Gärten bevorzugt werden.

➤ Spielerische Elemente wie Inselbeete im Rasen oder kleine Nischen am Rand lockern das einheitliche Bild auf und verzahnen die verschiedenen Gartenpartien noch enger miteinander.

Entspannendes Grün

Die Farbe Grün beruhigt die Sinne und lässt einen wieder zur Ruhe kommen. Nach einem hektischen Tag gibt es also nichts Besseres, als sich inmitten des Rasens ein ruhiges Plätzchen zu suchen! Zeitweilige Belastung über wenige Stunden vertragen die meisten Rasengräser problemlos, für einen dauerhaften Sitzplatz sollte man jedoch einen befestigten Untergrund wie Pflaster, Kies oder Steinplatten einplanen.

Rasen als Spielwiese

Die ebene, weiche Fläche lädt nicht nur Kinder dazu ein, sich mal wieder richtig auszutoben. Viele Spiele wie Federball, Krocket oder Boule kann man idealerweise hier gleich im eigenen Garten ausüben. ■

Wo kein Gras mehr wächst

An besonders schwierig zu begrünenden Standorten empfehlen sich folgende Alternativen zur Rasenanlage:

✗ **Tiefer Schatten:** Bodendecker wie Efeu, Elfenblume, Immergrün, Waldmarbel und Ysander.

✗ **Sumpfiger Boden:** Feuchtwiese mit Binsen, Kuckuckslichtnelke, Seggen, Sumpfdotterblume und Wiesenschaumkraut.

✗ **Trockener Sandboden:** Bodendecker wie weiß blühendes Hornkraut oder duftender Thymian.

✗ **Steiler Hang:** Dem Boden entsprechende Blumenwiese, die nur ein- bis zweimal pro Jahr gemäht werden muss.

Der richtige Rasentyp

> **Ob Sie mit Ihrem Rasen glücklich werden, hängt ganz entscheidend von der Wahl der passenden Gräsermischung ab.**

Als beruhigendes Füllelement zwischen bunten Blumenbeeten, als beliebte Spielwiese oder als stiller Rückzugsort – die Ansprüche an das Rasengrün sind so verschieden wie die Gartenbesitzer selbst.

> *Ein Strapazierrasen wird zum Spielplatz für die ganze Familie.*

Wie hoch darf der Pflegeaufwand sein?

Sie träumen von einem samtigen Rasenvelours, sehen das Mähen, Düngen und Wässern aber nur als lästige Pflicht an? Verabschieden Sie sich von Ihrem Traumrasen, und suchen Sie nach einer pflegeleichteren Alternative! Die verschiedenen Rasenmischungen unterscheiden sich erheblich in ihrem Pflegeaufwand. Ein Kriterium, das man bei der Auswahl unbedingt berücksichtigen sollte!

Die Mischung macht's

Folgende Rasentypen, von denen entsprechende Samenmischungen im Handel angeboten werden (→ Seite 54/55), spielen in der Praxis eine Rolle:

➤ **Zierrasen** dient vorwiegend repräsentativen Zwecken. Seine sehr feinblättrigen Gräser sind nur gering belastbar und eignen sich nicht für täglich betretene oder bespielte Rasenflächen. Zierrasen, auch häufig als »Englischer Rasen« bezeichnet, ist sehr pflegeintensiv. Er muss

> *Spezieller Schattenrasen gedeiht auch an lichtarmen Plätzen.*

zweimal pro Woche gemäht werden. Außerdem ist er trockenheits- und krankheitsempfindlich.

➤ **Strapazierrasen**, auch »Sportrasen«, »Gebrauchsrasen« oder »Spielrasen« genannt, ist der meistgefragte Rasentyp. Die guten Mischungen enthalten Gräserarten, die hoch belastbar sind und das Betreten und Bespielen sehr gut vertragen. Der Pflegeaufwand steigt mit zunehmender Nutzungsintensität, ist aber geringer als beim Zierrasen.

➤ **Schattenrasen** muss mit den reduzierten Wachstumsbedingungen im Haus- oder Baumschatten leben und überleben. Die schattenverträglichste Grasart, die auch den regelmäßigen Schnitt verträgt, ist zurzeit die Lägerrispe (*Poa supina*). Nur Mischungen, die diese Grasart enthalten, tragen den Namen Schattenrasen zu Recht. Gräser im Schatten sind besonders auf Ihre gute Pflege angewiesen, da sie optimal mit Nährstoffen und Wasser versorgt werden müssen. Schattenrasen wächst natürlich auch in sonnigen Lagen.

➤ **Kräuterrasen** bestehen aus Gräsern und niedrigen Blühpflanzen, die ein Betreten tolerieren. Die ausgewählten Kräuter blühen selbst bei monatlichem Schnitt im Jahr.

➤ **Blumenwiesen** sind naturnahe Pflanzenoasen. Wenn sie ihren Blühaspekt langfristig behalten sollen, dürfen sie nur ein- bis zweimal mal pro Jahr gemäht und vor allem nicht betreten werden. Bei mehrmaliger Mahd und Belastung setzen sich die Gräser und die typischen Rasenkräuter wie z. B. Löwenzahn, Gänseblümchen und Hahnenfuß durch. Für sehr blütenreiche Wiesen muss der Boden arm an Nährstoffen sein. Blumenwiesen erfordern kaum Pflegeaufwand.

> Eine bunte Blumenwiese bereichert die Artenvielfalt im Garten.

Qualität kaufen

Bei allen Rasenmischungen ist wichtig, dass neben den geeigneten Gräserarten auch die besten Rasenzuchtsorten verwendet werden. Achten Sie darauf, ob die genaue Sortenzusammensetzung auf der Packung angegeben ist, und wählen Sie hochwertiges Marken-Saatgut. Billigmischungen enthalten häufig schnellwachsende Futtergräser, die keinen schönen, dichten Rasen ergeben.

Das macht Spaß:
Rasenspiele

Das weiche Gras des Rasens ist eine wunderbare Spielwiese für Groß und Klein.
Nirgendwo anders kann man sich beim Fußball, Federball oder Frisbee so sorglos fallen lassen wie auf dem Rasen. Der Grasteppich federt jeden Sturz sanft ab, Knie und Ellbogen bleiben heil. Bevor es ans Spielen geht, solltet Ihr jedoch mit Euren Eltern abklären, auf welchem Teil des Rasens Ihr spielen dürft. Ein fehlgeschossener Ball, der im Blumenbeet landet, kommt gewiß nicht so

gut an. Vielleicht ist es ja auch möglich, einen Teil des Rasens für Euch Kinder zu reservieren. Eine Hecke oder ein umzäuntes Gemüsebeet sind als Hintergrund sicher weniger problematisch. Verlagert doch Eure Geburtstagsfeier mal auf die grüne Wiese und veranstaltet eine kleine Sommer-Olympiade. Wer im Winter Geburtstag hat, kann sich stattdessen ja ein paar Freunde zum Sommerfest einladen. Eierlaufen, Sackhüpfen und Tauziehen gehören zu den altbekannten

Spielen. Aber kennt Ihr schon Blumentopf-Kegeln? Fünf Blumentöpfe aus Kunststoff werden im Kreis aufgestellt. Aus 5–8 m Entfernung muss dann mit einem Ball versucht werden, so viele Töpfe wie möglich zu treffen. Da so viel Spielen hungrig und durstig macht, findet der Imbiß hinterher praktischerweise ebenfalls auf dem Rasen statt. Fällt dabei ein Glas Limo um, ist das überhaupt nicht tragisch, denn auf dem »grünen Teppich« hinterlässt das keine Spuren.

Bocciakugeln, Kricket oder das gute alte Federball-Spiel machen den grünen Rasen zur Spielwiese.

Ein Gartenschlauch kann an heißen Sommertagen schon einmal den Ausflug ins Freibad ersetzen.

Fußball spielen macht auf einem ebenen Rasen am meisten Spaß. Stürze mildert das weiche Gras sanft ab.

Gänseblümchen sind nicht nur für Babys höchst interessant. Geht doch mal auf Entdeckungstour und schaut, was im Rasen so alles lebt!

Boden vorbereiten

Bei der Neuanlage des Rasens ist eine sorgfältige Vorbereitung der Aussaatfläche die beste Grundlage für ein dauerhaft schönes Grün. Damit man den Untergrund optimal auf die Rasenaussaat vorbereiten kann, ist es sinnvoll, die Vorgeschichte des

> *Leichter Sandboden rieselt locker zwischen den Fingern durch.*

Bodens zu kennen. Obwohl Rasengräser nur etwa zehn Zentimeter tief wurzeln, brauchen sie einen lockeren, gut durchlüfteten Untergrund, um ein dichtes Wurzelwerk ausbilden zu können.

Roden und säubern

Die bestehende Pflanzendecke muss mitsamt ihren Wurzeln vollständig entfernt werden. Als besonders arbeitsaufwändig entpuppen sich dabei meist Unkrautbestände, deren Arten mitunter ein sehr tief reichendes Wurzelwerk ausbilden. Zusammen mit den Pflanzenresten sollten Sie in diesem Arbeitsschritt auch gleich im Boden lagernde Steine, Bauschutt und alte Wurzeln entfernen.

Boden lockern

Eine tiefgründige Lockerung des Bodens sorgt dafür, dass die unteren Bodenschichten aufgebrochen werden. Dadurch kann Wasser leichter versickern und es entsteht keine Staunässe.

➤ Stechen Sie eine Grabegabel oder einen Spaten so tief wie möglich in die Erde, und heben Sie den Boden durch Rückwärtsziehen des Werkzeugstiels leicht an.

➤ Kommt man auf kleineren Flächen noch mit dem Spaten aus, empfiehlt sich ab 100 m² eine Motorfräse.

➤ Achten Sie darauf, dass bei dieser Lockerung dunkler Oberboden und heller Unterboden nicht vermischt oder umgekehrt werden – nur so bleibt das Bodenleben intakt.

Boden verbessern

Zur Rasenanlage eignet sich am besten ein sandiger Lehmboden. Von diesem Idealboden abweichende Substrate müssen entsprechend verbessert werden. Verwenden Sie keine Rindenprodukte, da diese Keim hemmende Wirkung besitzen können!

➤ Tonböden lassen Niederschläge nur schwer abfließen und verdichten rasch. Streuen Sie etwa 3 cm hoch Sand und 1 cm hoch Kompost auf den Boden aus, und arbeiten Sie die beiden Materialien etwa 10 cm tief in die Erde ein.

➤ Leichte Sandböden werden durch Beigabe reifen Komposts oder humoser Gartenerde verbessert. Sorgfältig in den Oberboden eingearbeitet, können Nährstoffe und Wasser besser gespeichert werden.

➤ Böden, denen bei Bauarbeiten die oberste, humusreiche Schicht, der so genannte Mutterboden, abhanden gekommen ist, brauchen eine neue Auflage. Decken Sie die ganze Fläche 15 cm hoch mit guter Gartenerde ab.

➤ Sehr feuchte Böden müssen eine Dränage bekommen. Auf kleinen Flächen werden dazu etwa 40–50 cm tiefe Gräben ausgehoben, in die Sie groben Kies füllen. Den etwa 15 cm hohen Abschluss sollte humusreicher Boden bilden. Die Abstände und Anzahl der Gräben richtet sich nach dem Grad der Verdichtung. Auf größeren Flächen sollten Sie zur Anlage einer Dränage professionelle Hilfe in Anspruch nehmen.

➤ Für eine weit im Voraus geplante Rasenanlage bieten sich Gründüngerpflanzen wie Bienenfreund (*Phacelia*), Lupinen und Wicken als ideale Bodenverbesserer an. Im Frühjahr ausgesät, lockern sie mit ihren langen Wurzeln den Boden und liefern wertvolle organische Substanz und Nährstoffe. Etwa Mitte August wird der Aufwuchs mit dem Rasenmäher zerkleinert und in den Boden eingegraben oder eingefräst.

> *Lehmige und tonige Böden verbessern Sie am besten durch das Einarbeiten von Sand.*

Boden setzen lassen

Nach der tiefen Bodenbearbeitung wird die Oberfläche möglichst eben und gleichmäßig mit Hilfe eines Rechens geglättet. Danach sollte sich das Erdreich über einige Wochen absetzen können. Diese Rückverdichtung schützt vor später auftretenden Sackungen und Unebenheiten. In dieser Zeit können Sie auch den Grünbewuchs, der aus im Boden ruhenden Samen oder Pflanzenresten stammt, immer wieder mechanisch entfernen.

Saatbett planieren

Direkt vor der Einsaat wird die oberste Bodenschicht feinkrümelig gerecht. Ziehen Sie Steine und grobe Bodenklumpen mit dem Rechen von der Fläche und sammeln Sie sie auf. Weil Rasensamen sehr klein sind, sollten die Krümel an der Oberfläche nicht größer als 1 cm sein. ■

CHECKLISTE

Bodenart bestimmen

Nehmen Sie eine Hand voll Erde und reiben Sie sie zwischen den angefeuchteten Fingerkuppen.

✔ **Sandboden** bleibt nicht haften und man kann einzelne Körnchen fühlen.

✔ **Lehmboden** fühlt sich samtartig an und ergibt kleine Krümel, die aber leicht auseinander fallen.

✔ **Tonboden** lässt sich problemlos zu Röllchen formen und färbt die Finger braun.

Rasen aussäen

Mit einer fachgerechten Aussaat und aufmerksamer Pflege in den ersten Wochen stellen Sie die Weichen für ein gesundes Rasengrün. Bevor Sie die Rasensaat ausbringen, sollte der Untergrund optimal vorbereitet sein (→ Seite 12/13).

> *Zwei Wochen nach der Aussaat haben bereits viele Gräser gekeimt.*

Der beste Zeitraum

Rasen keimt am zuverlässigsten, wenn er zwischen Mitte August und Ende September ausgesät wird. Der Boden hat dann die Wärme des Sommers gespeichert und die Niederschläge im Herbst erleichtern das Feuchthalten des Keimbettes. Außerdem keimen Unkräuter im Herbst deutlich langsamer oder gar nicht mehr. Falls Sie im Frühjahr aussäen möchten, sollten Sie damit bis Anfang Mai warten, damit der Boden bereits etwas erwärmt ist.

Vorab düngen

Die im Boden gespeicherten Nährstoffe sind für die jungen Gräser noch nicht aufnehmbar. Der Fachhandel bietet spezielle Starter-Dünger für die Rasenaussaat an. Sie enthalten viel Phosphor und versorgen die jungen Rasenpflanzen mit den notwendigen Nährstoffen zur Wurzel- und Blattbildung. Bringen Sie den Dünger kurz vor der Aussaat entsprechend der Dosierungsanleitung gleichmäßig aus. Hilfreich ist ein Streuwagen.

Gleichmäßig aussäen

Wählen Sie einen windstillen Tag zur Aussaat, damit die feinen Samen nicht weggeweht werden. Je nach Mischung sollten 20–25 g Rasensamen pro Quadratmeter verteilt werden.

➤ Beim **Ausstreuen per Hand** teilen Sie die Gesamtfläche in kleine Einzelflächen von je 10 m² ein, die Sie mit Holzpflöcken und Schnüren markieren. Wiegen Sie die für jede Teilfläche erforderliche Menge mit einer Briefwaage ab, und streuen Sie das Saatgut mit lockerer Handbewegung breitwürfig aus.

> 1 Krümeln

Die feinen Rasensamen lieben ein feinkrümeliges Saatbett. Steine und Wurzelreste werden entfernt.

> 2 Aussäen

Mit dem Streuwagen können Sie die erforderliche Saatgutmenge gleichmäßig ausbringen.

> 3 Einarbeiten

Mit einem Rasenrechen werden die Samen flach eingearbeitet.

➤ Mit dem **Streuwagen** lässt es sich am genauesten arbeiten. Achten Sie aber auf die richtige Einstellung der Streuöffnung. Sie wird meist von den Herstellern der Saatgutmischungen angegeben.

Behutsam einrechen

Nach dem Ausbringen des Saatguts werden die Samen mit einem Rasenrechen etwa 1 cm tief eingearbeitet. Ziehen Sie dazu die Zinken des Rechens behutsam durch den Boden. Auf diese Weise bekommen die Samen besten Bodenkontakt. Das früher oft empfohlene Walzen zum Andrücken der Rasensamen sollte entfallen. Besser ist eine raue Bodenoberfläche, auf der Wasser schneller versickern kann und das Saatgut nicht fortgeschwemmt wird.

Gründlich gießen

Die Keimzeiten der verschiedenen Rasengräser in einer Mischung liegen zwischen 1 und 3 Wochen. In dieser Zeit muss die obere Bodenschicht stets feucht bleiben, damit die empfindlichen Rasenkeimlinge nicht austrocknen. Beregnen Sie bei trockener Witterung 4–5-mal täglich für ca. 10 Minuten.

Schonendes Mähen

Der erste Schnitt erfolgt bei 8–10 cm Wuchshöhe. Achten Sie darauf, dass der Mäher frisch geschliffene Messer hat, damit die jungen Gräser nicht herausgerissen werden. Geschnitten wird bei dieser ersten Mahd nicht tiefer als 5 cm. Das Schnittgut wird praktischerweise im Fangkorb gesammelt. Ansonsten recht man es vorsichtig zusammen und sammelt es auf. ■

Rasen von der Rolle

Das Verlegen von Fertigrasen ist die schnellste Methode, einen Rasen anzulegen: einfach ausrollen – fertig. Fertigrasen, auch als »Rollrasen« oder »Rasensoden« bezeichnet, ist etwa ein Jahr alter Rasen. Er wird meist auf sandigen bis leicht lehmigen

> *Fertigrasen muss innerhalb von 48 Stunden wieder verlegt werden.*

Böden angezogen. Als Mischungen werden hauptsächlich Strapazierrasen und in zunehmendem Maß auch Schattenrasen verwendet. Auf Bestellung wird der Fertig-

rasen mit einer Spezialmaschine, dem Sodenschneider, frisch vom Anzuchtfeld geschält und in Rollen beim Kunden angeliefert. Er sollte dann innerhalb von 48 Stunden verlegt werden, damit das Gras in den Rollen keinen Schaden erleidet.

Der hohe Pflegeaufwand, den die Rasenhersteller haben, schlägt sich in den Preisen für die praktische »Auslegeware« nieder. Immerhin übersteigt der Preis für Fertigrasen um gut ein Zehnfaches die Kosten für eine qualitativ hochwertige Rasenmischung. Hinzu kommen die nicht unerheblichen Kosten für den Transport zur Verwendungsstelle.

Vorteile von Rollrasen

Trotz der hohen Kosten ist es sehr verlockend, seinen Garten innerhalb eines Tages mit einem weichen grünen Rasenteppich auszustatten.

➤ Es dauert nur zwei bis drei Wochen, bis der Fertigrasen mit dem Boden verwurzelt ist. Einer uneingeschränkten Nutzung steht dann nichts mehr im Weg.

➤ Fertigrasen können Sie mit Ausnahme der Frostperioden ganzjährig verlegen.

Präzise planen

Damit die Anlage der Rasenfläche problemlos vonstatten geht, zahlt sich ein geplantes Vorgehen aus.

➤ Bestimmen Sie die Flächengröße möglichst genau. Die Lieferung des Fertigrasens erfolgt in Quadratmeter bzw. Rollen. Die Standardrolle ist 40 cm breit und 250 cm lang, entspricht somit 1 m². Die Dicke beträgt etwa 2 cm.

➤ Erkundigen Sie sich, welche Rasenschule in Ihrer Nähe Fertigrasen für welchen Einsatzzweck anbietet.

➤ Holen Sie sich ein Angebot ein, das die Lieferung einschließt. Oft bieten die Hersteller von Fertigrasen auch einen Verlegeservice mit an.

➤ Wenn Sie den Rasen in Eigenregie verlegen möchten, sollten Sie sich für den Verlegetermin der Mithilfe von Freunden versichern. Denn Fertigrasen muss rasch ausgelegt werden und wiegt immerhin 15–20 kg pro m².

1 Ausrollen

Auf feuchtem Boden wurzeln die Soden leichter an. Die erste Bahn wird exakt entlang einer gerade verlaufenden Kante ausgerollt.

2 Verlegen

Die einzelnen Reihen werden wie in einem Mauerverband versetzt verlegt. Breite Holzbretter schützen den Rasen beim Betreten.

3 Abstechen

Mit einem Kantenstecher oder einem Messer werden die Rasensoden an den Rändern auf das erforderliche Maß zugeschnitten.

Rasenrollen verlegen

Ebenso wie bei der Rasenaussaat sollte der Boden für die Anlage des Fertigrasens fein gekrümelt, abgesetzt und eben sein (→ Seite 12/13).

➤ Ein besseres Anwachsen erzielen Sie, wenn Sie vor dem Verlegen einen phosphorbetonten Starter-Dünger auf die Fläche ausbringen.

➤ Die einzelnen Rasenrollen werden dicht an dicht verlegt, so dass keine Fugen zwischen den Bahnen sichtbar sind und auch keine Überlappungen entstehen. Die Querfugen sollen wie bei einer Ziegelmauer im Verbandsystem versetzt liegen.

➤ Damit die frischen Soden nicht beschädigt werden, legt man zum Betreten und Befahren mit der Schubkarre breite Holzbretter unter.

➤ Kurvige Abschlüsse werden ebenso wie die geraden Kanten erst herausgearbeitet, nachdem alle Bahnen liegen. Benutzen Sie den Kantenstecher oder ein scharfes Messer.

➤ Für einen guten Bodenkontakt walzen Sie die Rasensoden nach dem Verlegen leicht an. Sie können sie aber auch mit dem Rücken des Rechens andrücken.

➤ Bewässern Sie den neuen Rasen durchdringend. Bis zum vollständigen Anwachsen sollte der Regner alle zwei Tage angestellt werden.

➤ Nach einer Woche wird das erste Mal gemäht. ■

PRAXISINFO

Rollrasen verlegen

🕐 **Zeitbedarf:**
3 Std. für 100 m² Fläche

Material:
- ✗ Starter-Dünger für Rasen
- ✗ Fertigrasen-Rollen (1 Rolle pro m²)
- ✗ Holzbretter zum Unterlegen beim Betreten

Werkzeug:
- ✗ Schubkarre zum Transportieren
- ✗ Rechen oder Walze zum Andrücken
- ✗ Kantenstecher oder scharfes Messer
- ✗ Regner

Wege, Pflaster & Co

Ob Wege im Rasen oder Wege aus Rasen: Mit den strapazierfähigen Gräsermischungen lassen sich tolle Pfade anlegen.
Abgesehen von reinen Zierrasen oder Blumenwiesen

> *Rasengittersteine lassen Wege und Autostellplätze grüner wirken.*

schadet es dem grünen Teppich nicht, wenn Sie ihn nach Lust und Laune betreten. Allzu häufig gewählte Pfade machen jedoch die Anlage eines Weges sinnvoll. Andererseits kann das Gräsergrün

auch unabhängig von einer Rasenfläche zur Anlage von Wegen zum Einsatz kommen. In jedem Fall sollten Sie bei der Entscheidung für einen bestimmten Weg berücksichtigen, wie häufig er von Ihrer Familie benutzt werden wird.

Wege im Rasen

➤ Selten gewählte Pfade können Sie als reinen Rasenweg anlegen. Dazu einfach den Weg 1–2 cm niedriger mähen als die umliegende Fläche. Ein bis zwei Mäherbreiten sollten dafür ausreichend sein. Vorteil: Sie können den Wegeverlauf bei jedem Mähen wieder ändern. Rasenwege durch Blumenwiesen sollten Sie mit

Strapazierrasen aussäen oder – einfacher – mit Rollrasen verlegen.
➤ Trittsteine im Rasen sind eine gute Möglichkeit, um einen Trampelpfad durch den Rasen zu befestigen. Die Natur- oder Kunststeinplatten werden entsprechend der Schrittlänge von 60 cm in einem Sandbett ausgelegt.
➤ Soll sich ein flächiger Weg aus festem oder lockerem Belag durch den Rasen ziehen, ist ein entsprechender Unterbau aus einer 15–30 cm dicken Schotterschicht und einem 5 cm hohen Sand- oder Splittbett nötig. Damit der Rasen bis an den Wegrand heran gemäht werden

SPARTIPP

Wegeplanung

>> schnell und einfach

➤ Der nachträgliche Einbau von Wegen in bestehende Rasenflächen führt durch die notwendigen Erdbewegungen und Arbeiten zu Schäden am Rasen und zu höheren Kosten. Legen Sie den Weg deshalb vor dem Rasen an!

➤ In einigen Städten und Gemeinden erhalten Sie Zuschüsse, wenn Sie durch Beton oder Asphalt versiegelte Flächen mit Rasenpflaster oder Schotterrasen wieder durchlässig machen.

kann, sind Kantensteine (→ Seite 20/21) eine gute Lösung. Zudem können dadurch lose Wegauflagen wie Kies oder Rindenmulch nicht so schnell in den Rasen wandern.

Wege aus Rasen

Gleich einem grünen Läufer zieht sich ein reiner Rasenweg durch den Garten. Praktischerweise sollte seine Breite der zwei- oder dreifachen Rasenmäherbreite entsprechen. Wenn der Weg belastbarer sein muss, z. B. im Vorgarten oder in der Garageneinfahrt, wird der Rasen mit einem festen Material kombiniert. Dann ist allerdings auch ein stabiler Unterbau aus Schotter, Kies und Sand oder Splitt nötig.

➤ Rasenpflaster macht einen natürlichen Eindruck, weil aus den Fugen saftig grüne Gräser sprießen dürfen. Dafür werden die Fugen zwischen den Steinen mit einem durchlässigen Sandboden verfüllt und eingesät. Für gleichmäßige Fugenbreiten gibt es spezielle Abstandhalter, die zwischen die Pflastersteine gesetzt werden.

➤ Rasengittersteine und Rasengitterplatten werden aus Beton gegossen oder bestehen

> *Das Niveau von Wegen sollte exakt mit der Grasnarbe abschließen.*

aus Kunststoff. Die Rasengräser breiten sich hier in regelmäßig angeordneten Waben aus. Bei der Anlage sollten diese nicht bis an die Oberkante mit Boden aufgefüllt werden. Der Boden verdichtet sonst zu schnell und die Gräser kümmern.

➤ Schotterrasen wird aus einem Gemisch aus Schotter und Oberboden angelegt, in das Strapazierrasen ausgesät wird. Es gibt bereits fertige Schotter-Boden-Mischungen, die die Anlage erleichtern. ■

PRAXISINFO

Was brauche ich zum Wegebau?

Rasenweg
✗ Rasenmäher

Trittsteine
✗ Spaten zum Ausstechen der Konturen und Ausheben des Sandbetts
✗ Sand

Befestigte Wege
✗ Unterbau aus Grobschotter, Feinschotter und Sand oder Splitt für das Verlegebett
✗ Rüttler zum Verdichten

Rasenpflaster & Co
✗ Unterbau aus Schotter, Kies, Sand oder Splitt
✗ Rasenmischung

Rasen im Blütenzauber

Grüner Rasen und bunte Blütenpflanzen – diese Mischung macht Ihren Garten einfach perfekt!
Eine Rasenfläche bietet durch ihr unspektakuläres, ebenmäßiges Grün die schönste Kulisse für Blumenbeete und auffällige Einzelpflanzen. Ihre Farben und Formen kommen durch das ruhige Grün noch stärker zur Geltung.

Frühe Zwiebelblumen
Im Frühjahr haben die unkomplizierten Vertreter dieser Pflanzengruppe im Rasen ihren großen Auftritt.

➤ Die beste Pflanzzeit ist im September und Oktober.
➤ Einzelne Zwiebelblumen können Sie ganz bequem mit dem Zwiebelpflanzer setzen.
➤ Für eine Gruppenpflanzung stechen Sie mit dem Spaten eine Rasensode aus. Vorsichtig umklappen, Zwiebeln in den empfohlenen Pflanzabständen hineinlegen, Rasen wieder schließen und leicht antreten.
➤ Nach der Blüte muss das Laub der Zwiebelblumen in Ruhe einziehen dürfen. So lange müssen Sie den Rasen ungemäht lassen oder um die Blätter herum mähen.

Hübsche Baumsolisten
Ein Baum inmitten des Grüns sieht toll aus und gibt Schatten für eine Mußestunde auf dem Rasen.

➤ Wählen Sie einen Laubbaum mit lockerer Verästelung. Einen schönen Blütenaspekt haben z. B. Apfelbaum, Magnolie und Zierkirsche. Auf Flachwurzler sollten Sie verzichten, da ihre Wurzeln beim Mähen stören können.
➤ Mit Hilfe eines Pflockes und einer Schnur können

1 Ausstechen
Mit einer Drehbewegung sticht man den Zwiebelpflanzer in die Erde und holt damit ganz einfach Rasen und Boden am Stück heraus.

2 Setzen
Zwiebel oder Knolle werden in der empfohlenen Pflanztiefe mit richtiger Orientierung (Triebspitze nach oben) in das Pflanzloch gesetzt.

3 Schließen
Drücken Sie das ausgestochene Rasenstück wieder in das Loch. Über der Zwiebel darf kein Hohlraum sein, sonst wächst sie nicht an.

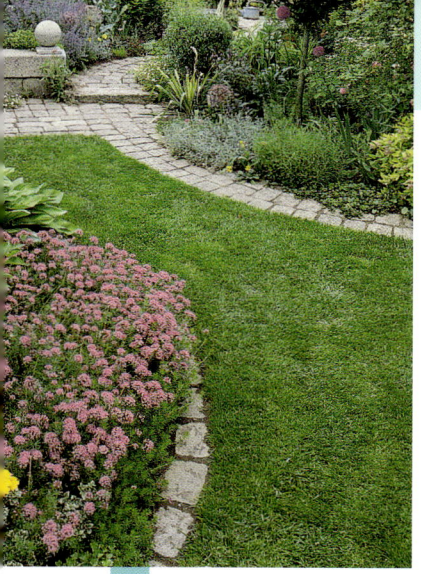

 Kantensteine als Wegab-schluss sind für den Mäher kein Hindernis.

Sie wie mit dem Zirkel ein kreisrundes Pflanzloch von 1–2 m Durchmesser markieren.
➤ Pflanzloch ausheben, Wurzelballen in die Mitte setzen und wieder zuschütten.
➤ Die Baumscheibe können Sie entweder mit Schattenrasen einsäen, mit Rindenmulch bedecken oder mit Bodendeckern bepflanzen.

Bunte Inselbeete
Ein Blumenbeet im Rasen lockert das einheitliche Grün auf und wird zum attraktiven Blickpunkt.
➤ Seine Größe sollte den Proportionen des Rasens entsprechen. Messen Sie die

Konturen ab, und zeichnen Sie sie mit Sand vor.
➤ Damit das Beet von allen Seiten gut aussieht, nimmt man eine Höhenstaffelung vor: die höchsten Pflanzen werden in die Mitte gepflanzt, die niedrigsten an den Rand.

Sanfter Beetanschluss
Schnurgerade Grenzen haben in formalen Gestaltungen ihre Berechtigung. Eine harmonischere Vernetzung zwischen Rasen und Beet erzielen Sie jedoch, wenn das Rasengrün in sanften Bögen die Blüten umschmeicheln darf. Achten Sie bei der Planung darauf, dass die Rasenbögen nicht zu eng werden. Sie sollen bequem mit dem Rasenmäher zu befahren sein.

Gepflegte Übergänge
Zwischen Rasen und Beet braucht es eine klare Abgrenzung, damit die Ausläufer bildenden Gräser nicht ins Blumenbeet wandern.
➤ Eine klare Rasenkante wirkt sehr ästhetisch. Allerdings macht sie viel Arbeit: In monatlichen Abständen müssen Sie die Ränder mit dem Spaten oder dem Rasen-

kantenstecher (→ Seite 34/35) abstechen.
➤ Mit der Grasnarbe bündig verlegte Kantensteine ermöglichen, dass Sie mit dem Rasenmäher problemlos über den Rand hinausfahren können. Das arbeitsaufwändige Bearbeiten der Rasenränder entfällt damit. Am dauerhaftesten ist eine Einfassung mit Natur- oder Kunststeinpflaster. Zur Anlage der Begrenzungsreihe hebt man einen kleinen Graben aus, in den die Steine gesetzt werden. Bei sehr lockeren Böden sollte der Graben tiefer ausfallen, um eine 10 cm hohe Schotterschicht auszubringen. Verfugt werden die Kantensteine mit Sand oder feinem Kies. ■

Hänge begrünen

Bodenwellen und Hänge machen Ihren Garten interessanter. Mit dem richtigen Know-how wird auch ein Gefälle problemlos begrünt. Die verschiedenen Möglichkeiten der Begrünung sind nicht nur für Besitzer eines Hanggrundstücks interessant, sondern auch für jene Gärtner, die ihr grünes Reich mit

> *Pflegeleichte Blumenwiesen eignen sich wunderbar für steile Hänge.*

Bodenmodellierungen abwechslungsreicher gestalten möchten.

Höhenunterschiede schaffen

Wenn Ihnen eine ebene Rasenfläche zu langweilig erscheint, können Sie sie durch Erdmodellierungen in eine stimmungsvolle Hügellandschaft verwandeln.

➤ Am unkompliziertesten ist es, wenn man die nötigen Erdverschiebungen vor der eigentlichen Gartenanlage durchführt.

➤ Aus der ebenen Fläche werden Vertiefungen ausgehoben und das dabei anfallende Erdreich an anderer Stelle zu kleinen Hügeln aufgeschüttet. Falls der Boden sehr steinig ist, können Sie auch Erde zukaufen, um Erhebungen zu formen.

➤ Je nach Umfang der geplanten Erdbewegungen können Sie mit Schubkarre und Schaufel arbeiten oder Sie leihen sich einen kleinen Bagger aus.

➤ Modellieren Sie mit einem Rechen die Höhen und

Senken aus. Die Übergänge sollen ganz sanft ausfallen, damit man später mit dem Rasenmäher problemlos von Berg zu Tal kommt.

➤ Verteilen Sie dann gleichmäßig über die ganze Fläche etwa 15 cm hoch humusreiche Gartenerde. Danach kann ausgesät werden.

Grüne Böschungen

Gefälle mit einer Neigung bis 30 Grad gelten als Grenzwert, bis zu dem eine Rasenanlage noch sinnvoll erscheint. Wenn Ihnen diese Angabe zu abstrakt ist, sollten Sie beim Anblick Ihres Hanges einfach realistisch einschätzen, ob Sie die Steigung mit dem Rasenmäher bewältigen könnten. Falls das der Fall ist, steht einer Rasenanlage nichts mehr im Weg. Einige Besonderheiten sollten Sie jedoch beachten:

➤ Ist der Übergang von der ebenen Rasenfläche in den hängigen Rasen zu abrupt, kann es passieren, dass der Rasenmäher die Gräser am Übergang skalpiert. Um dem vorzubeugen, sollten Sie die

> Der samtige Rasen über der weichen Bodenwelle und die weiße Treppe vermitteln einen Eindruck von Weitläufigkeit.

beiden Flächen am besten mit einer befahrbaren Mähkante trennen (→ Seite 21).

➤ Am Hangboden und in Senken sammelt sich bei stärkeren Regenfällen Wasser an. Damit die Gräser hier nicht ertrinken, bringen Sie in den Boden eine Dränage ein. Oft hilft bereits ein mit einem Erdbohrer gebohrtes Loch. Es sollte etwa 1,50 m tief sein und wird mit Kies aufgefüllt. Die obersten 10 cm des Loches bedecken Sie mit einem sandigen Boden, in dem die Gräser wurzeln können.

Bunte Wiesenhänge

Eine artenreiche Blumenwiese verleiht Böschungen und Hängen einen naturhaften Charme. Wo an steilen Hängen die Rasenpflege zu beschwerlich ist, bietet sich eine Blumenwise an.

➤ Die besten Aussaattermine sind April und September.
➤ Die Aussaat entspricht weitgehend der einer Rasenmischung (→ Seite 14/15). Allerdings sollten Sie den Boden keinesfalls düngen.
➤ Gemäht wird die Wiese zwei- bis dreimal pro Jahr. ■

Wertvolles Saatgut vom Nachbarn

Kennen Sie eine schöne Wiese in Ihrer Nähe? Dann bitten Sie doch den betreffenden Besitzer um einen Teil seiner »Heublumen«. Dabei handelt es sich um das Feinmaterial aus Spreu und Samen, das nach dem Mähen übrig bleibt. Man findet es in der Schubkarre oder im Heuwagen, wenn das grobe Schnittgut abgeladen wurde. Verteilen Sie das Feinmaterial auf der einzusäenden Wiese. Im folgenden Frühjahr keimen dann die Samen.

Blumenwiesensamen: Qualität kaufen

✗ Verzichten Sie auf Billigmischungen, die meist mit der Zusammensetzung heimischer Wiesengesellschaften wenig zu tun haben.

✗ Bei einer guten Samenmischung ist die Artenzusammensetzung genau aufgelistet. Sie sollte etwa 6 Grasarten und etwa 15 Kräuterarten enthalten.

✗ Wählen Sie eine Samenmischung, die den Bodenverhältnissen in Ihrem Garten entspricht. Beispielsweise gibt es spezielle Mischungen für nährstoffreiche Fettwiesen oder Magerwiesen.

Witzige und kreative
Rasenmuster

Wer gekonnt mit dem Mäher umgeht, kann die schönsten Muster in das gleichförmige Grün zaubern.

Haben Sie sich auch schon gefragt, wo die Streifenmuster auf den Fußball- oder Golfplätzen herkommen? Die dort verwendeten Rasenmäher besitzen Walzen an den Messerspindeln, die die Gräser in die jeweilige Fahrtrichtung umlegen. Je nach Blickwinkel sieht der Rasen dann dunkler oder heller aus.

Ein Streifenmuster im Rasen lässt die Grünfläche richtig edel wirken. Aber vielleicht steht Ihnen der Sinn auch nach ausgefalleneren Motiven. Überraschen Sie Ihren Partner zum Geburtstag doch einmal mit einem großen Herz im Rasen. Dafür die Konturen der Herzform mit einem Streifen aus Sand im Rasen markieren. Entlang dieser Linie mähen und das Innere der Form ungemäht lassen. Um das Herz dauer-

haft im Rasen zu erhalten, schneidet man es beim nächsten Mal mit einer höheren Schnitthöheneinstellung als die übrige Fläche.

Wer eine Gartenparty plant, kann seine Gäste mit einem Schachbrett beeindrucken. Sind es genau 64 Felder, kann mit überdimensionierten Spielsteinen auch ein Spielchen gewagt werden.

Haben Sie Ihren persönlichen Musterfavoriten gefunden? Probieren Sie ihn einfach aus!

PRAXISINFO

Verschiedene Mustertechniken

Streifenmuster
Kommen erst auf größeren Flächen ab 100 m² richtig zur Geltung.

✗ Methode 1: Verwenden Sie einen Spindelmäher mit Walzen an den Messerspindeln, und mähen Sie in gleichmäßigen Bahnen auf und ab.

✗ Methode 2: Beim frisch gemähten Rasen jede zweite Bahn mit einem Gitterrost oder einem breiten Besen abziehen.

Schachbrettmuster
✗ Spannen Sie mit Hilfe von Holzpflöcken und Schnüren ein Raster aus Quadraten. Dann jedes zweite Quadrat in versetzten Bahnen mit der elektrischen Kantenschere kurz schneiden.

Spiralmuster
✗ Wickeln Sie eine lange Schnur um einen beschwerten Eimer, und befestigen Sie das andere Ende vorn am Rasenmäher. Nun von außen nach innen immer rings um den Eimer mähen. Die sich aufwickelnde Schnur zieht die Kreise immer enger.

Streifen zaubern

1

Ganz einfach geht es mit einem
Spindelmäher mit einer Walze
an den Messerspindeln. Diese
legt die Gräser mal auf die eine,
dann auf die andere Seite um.

Schachbrett schneiden

2

Zugegeben, dieses wurde mit Spezial-
farbe eingefärbt. Für den Hausgebrauch
bedient man sich jedoch einer elektrischen Kantenschere.

Spirale mähen

3

Diese Form erfordert entweder
gutes Augenmaß oder eine Hilfs-
konstruktion. Gemäht wird in
jedem Fall spiralförmig vom
Rand her nach innen.

Der richtige Rasenmäher

Das wichtigste Gerät bei der Rasenpflege ist zweifelsohne der Rasenmäher. Es gibt für jeden Rasen und jeden Gärtner das richtige Modell.
Die Vielzahl der Rasenmähertypen und ihre teilweise nur geringen Unterschiede in der Ausstattung sind oft verwirrend. Bei der Auswahl des für Sie richtigen Rasenmähers sollten Sie die Größe des Rasens, die Rasenbeschaffenheit und Ihre Einstellung zum Mähen berücksichtigen.

Welcher Funktionstyp?
Prinzipiell können Rasenmäher nach ihrer Mähmethode eingeteilt werden.
➤ **Spindelmäher** heißen so, weil hier mehrere Messer auf einer rotierenden Spindel montiert sind. Durch das Drehen der Spindel werden diese Messer gegen eine feststehende Gegenschneide geführt. Die Grashalme dazwischen werden so sauber wie mit einer Schere abgeschnitten und es ergibt sich ein perfektes Schnittbild. Allerdings liegt die Schnitthöhe bei maximal 3 cm. Spindelmäher werden meist als Handschiebemäher angeboten. Es gibt zwar auch motorbetriebene Spindelmäher, doch sind die extrem teuer. **Einsatzbereiche:** Rasenflächen bis 500 m², speziell auch für Zierrasen, die ein perfektes Schnittbild erhalten sollen. Für Gärtner, denen das Schieben nichts ausmacht, die aber das leichte Gewicht des Handmähers schätzen.
➤ Beim **Sichelmäher** ist ein Messer um eine senkrechte Achse parallel zum Boden angeordnet. Ein Elektro- oder Benzinmotor bringt das Messer zum Rotieren. Dadurch werden die Grashalme abgeschlagen. Das Schnittbild ist gut, solange das Messer scharf ist. Sichelmäher mähen auch höher aufgewachsene oder feuchte Rasenflächen und besitzen fast immer einen

Ein Aufsitzmäher ist der Rolls-Royce unter den Rasenmähern. Mit ihm wird das Mähen zum Kinderspiel.

> *Spindelmäher schneiden mit ihrer rotierenden Walze die Blätter wie mit einer Schere sauber ab.*

Fangkorb zur Aufnahme des Schnittguts. Sie sind wenig empfindlich gegenüber Steinen oder Fremdkörpern im Rasen. **Einsatzbereiche:** Flächen bis 1000 m², auch für Hanglagen geeignet.

➤ **Mulchmäher** sind eine Variante des Sichelmähers. Ihr besonders geformtes Messer schneidet das Gras mehrmals, bevor es auf den Boden fällt. Das zerkleinerte Schnittgut soll dann in der Rasennarbe verrotten (→ Seite 29). **Einsatzbereiche:** Bei mindestens wöchentlichem Schnitt, und für Gärtner, die zumindest zeitweise kein Schnittgut entsorgen möchten.

Welcher Antrieb?

Auf größeren Flächen kommt man ohne einen motorbetriebenen Mäher nicht mehr aus.

➤ **Benzinmotoren** sind sehr leistungsstark und machen Sie unabhängig von Steckdose und Kabel. Andererseits sind sie laut und produzieren Abgase. Sie werden vorwiegend bei Sichelmähern mit Schnittbreiten ab 40 cm und bei Aufsitzmähern verwendet. **Einsatzbereiche:** Große und verwinkelte Rasenflächen können zügig und effektiv bearbeitet werden.

➤ **Elektromotoren** sind leise und sehr umweltfreundlich. Die leistungsstärksten Elektromäher haben Schnittbreiten auch über 40 cm. Kabelsalat können Sie vermeiden, indem Sie Mäher mit automatischer Kabelaufwicklung oder einem wartungsfreien Akku verwenden. **Einsatzbereiche:** Gut geeignet für Flächengrößen bis 500 m².

Fazit: Mit einem Benzinmotor sind Sie sehr beweglich, der Elektromotor ist leise und umweltfreundlich. Akkumäher vereinen beide Vorteile.

Besondere Mäher

➤ **Mähroboter:** Mulchmäher, die den Rasen selbstständig kürzen. Ihre Energie beziehen sie aus Akkus.

➤ **Aufsitzmäher:** Für Flächen ab 1000 m² sehr zu empfehlen. ◼

CHECKLISTE

Welche Schnittbreite für welchen Rasen?

Achten Sie beim Kauf des Rasenmähers auch auf seine Schnittbreite. Bereits ein um 10 cm breiteres Messer kann die Mähdauer erheblich verkürzen. Allerdings macht sich dieser Komfort auch im Kaufpreis des Rasenmähers bemerkbar.

✔ Für einen Rasen bis 100 m² reichen 30 cm Schnittbreite aus.

✔ Für Flächen bis 500 m² genügen Schnittbreiten von bis zu 40 cm.

✔ Ab 500 m² Rasen sollte die Schnittbreite des Rasenmähers über 40 cm betragen.

Mähen und mulchen

Nur durch regelmäßige Mahd entsteht ein dauerhaft schöner Rasen. Das anfallende Schnittgut ist ein wertvolles Mulchmaterial. Regelmäßiges Mähen ist nicht nur für die Optik des Rasens, sondern auch für das Überleben der Rasengräser wichtig. Der Schnitt fördert das Dichtewachstum des Rasens. Durch das Kappen der Grasspitzen angeregt, bilden die Gräser neue Seitentriebe, zusätzliche Blätter und Ausläufer. Die mehr oder weniger großen Mengen an Rasenschnitt, die beim Mähen anfallen, können Sie wieder dem Nährstoffkreislauf Ihres Gartens zuführen.

Richtig mähen

Die Forsythienblüte gibt das Startsignal fürs erste Mähen im Jahr. Je nach Region kann das im März oder April sein. Der letzte Schnitt im Oktober oder November beendet dann die Mähsaison.

➤ **Schnitthöhen:** Für einen Strapazierrasen liegt die optimale Schnitthöhe zwischen 4 und 5 cm, für Zierrasen bei 3 cm. Ein Schattenrasen sollte nicht niedriger als 4,5 cm geschnitten werden, damit sich nicht so leicht Moos ansiedeln kann.

➤ **Schnitthäufigkeit:** Die Mähabstände richten sich nach der Wachstumsgeschwindigkeit der Gräser. Generell gilt, dass nie mehr als die Hälfte der Aufwuchshöhe auf einmal abgeschnitten werden sollte. Dies bedeutet, dass Sie für eine gewünschte Schnitthöhe von 4 cm spätestens bei einer Aufwuchshöhe von 8 cm mähen müssen. Wenn Sie diese Regel einhalten, müssen Sie während der Hauptwachstumszeit alle 1–2 Wochen zum Mäher greifen. Zweimaliges Mähen pro Woche ist für edle Zierrasenteppiche und bei Verwendung eines Mulchmähers (→ Seite 26/27) angesagt.

➤ **Beste Mähzeit:** Vormittags, wenn der Tau abgetrocknet ist, oder in den frühen Abendstunden, wenn sich die Gräser von der Hitze des Tages erholt haben. Regentage sind schlechte Mähtage, da das feuchte Schnittgut leicht den Rasenmäher verstopft.

➤ **Scharfe Messer:** Schauen Sie sich die Gräser von Zeit zu Zeit genauer an. Sind die Halme an der Schnittstelle ausgefranst und braun, sollten Sie die Messer Ihres Rasenmähers umgehend nachschleifen lassen. Diese Arbeit lässt man am besten in einer Fachwerkstatt ausführen, da die Messer nach dem Schleifen wieder richtig ausgewuchtet werden müssen.

Verwenden Sie Rasenschnitt zum Mulchen oder Kompostieren.

> *Rasenschnittgut sollte mit anderen Stoffen aufgelockert werden.*

Schnittgut aufsammeln

Mit den abgeschnittenen Halmstückchen fällt ein weiterer Arbeitsschritt an.

➤ **Fangkörbe:** Sie werden als Zusatzteil am Rasenmäher montiert. Das Schnittgut wird unmittelbar nach dem Abmähen aufgefangen.

➤ **Rechen:** Mit Fächerbesen oder Rasenrechen recht man den Rasenschnitt nachträglich zusammen. Als positiver Nebeneffekt bei dieser Methode wird dabei gleich auch der Rasen durchlüftet. Zum Abtransport sollte eine Schubkarre bereitstehen.

Wohin mit dem Rasenschnitt?

Mit dem regelmäßigen Schnitt werden dem Boden Nährstoffe entzogen, die in den abgeschnittenen Blättern stecken. Zum Wegwerfen sind sie also viel zu schade!

➤ **Rasen mulchen:** Sie brauchen dazu einen Mulchmäher, der das Schnittgut gleich während des Mähens zerkleinert und gleichmäßig auf der Mähbahn verteilt (→ Seite 26/27). Das zerkleinerte Schnittgut wird von Bodenorganismen abgebaut (mineralisiert) und dadurch den Gräsern wieder als Nahrung zur Verfügung gestellt. Als alleinige Nährstoffquelle ist das Schnittgut jedoch nicht ausreichend (→ Seite 30/31). Der Mulchmäher sollte nur bei trockenem Rasen zum Einsatz kommen, damit das Mulchgut nicht verklumpt. Zierrasen und Schattenrasen vertragen das Liegenlassen des Schnittgutes nicht so gut. Einerseits stört das Mulchgut den optischen Aspekt, andererseits reduziert es die Lichtausbeute. Auch sehr sandige Böden scheiden wegen ihrer geringen biologischen Aktivität für das Mulchen aus.

➤ **Mulchen im Garten:** Der aufgesammelte Rasenschnitt kann als schützende Mulchdecke auch unter Bäumen und Sträuchern zum Einsatz kommen. Verteilen Sie das Mähgut gleichmäßig im Wurzelbereich der Gehölze.

➤ **Kompostieren:** Da Rasenschnitt leicht fault, sollte man ihn vor dem Zusammenrechen erst einmal ein paar Stunden auf der Rasenfläche anwelken lassen. Am besten setzen Sie das Schnittgut zusammen mit zerkleinertem Astwerk an. ■

PRAXISINFO

Alternativen für Mähmuffel

Ist für alle Familienmitglieder das Mähen nur eine lästige Pflicht? Dann legen Sie doch einen Kräuterrasen oder eine Blumenwiese an!

✗ Kräuterrasen werden nur 5–7-mal pro Jahr gemäht. Das Mähgut sollte man abrechen.

✗ Blumenwiesen mäht man im Juli und September. Bleibt das Mähgut einige Tage liegen, können die Samen besser ausfallen.

Gießen und düngen

Nur Rasen, der ausreichend mit Wasser und Nährstoffen versorgt ist, kann allzeit frisch und grün aussehen. Der Hauptgrund, warum die Engländer so bewundernswert schöne Grünflächen

> *Der Düngerstreuer sollte nicht auf dem Rasen befüllt werden.*

besitzen, ist das dortige Klima. Feuchte, niederschlagsreiche Sommer lassen die Gräser nur so sprießen. Diesem Vorbild folgend, sollte man insbesondere während der niederschlagsarmen, warmen Sommermonate regelmäßig bewässern. Wasser allein ist es aber nicht, was die Gräser zum Wachsen brauchen, sondern auch ein ständig verfügbares Angebot an Nährstoffen. Durch den häufigen Schnitt werden dem Boden jedoch laufend Nährstoffe entzogen, die man nur durch Düngergaben wieder ausgleichen kann.

Effektiv bewässern

Gießen Sie den Rasen lieber seltener, aber ausgiebig, als jeden Tag ein kleines bisschen. Bei zu geringen Wassergaben verflacht das Wurzelwerk und der Rasen wird anfälliger für Trockenheit.

➤ Wann muss gegossen werden? Als grober Anhaltspunkt gilt alle 3–4 Tage. Spätestens aber dann, wenn sich die Blätter der Gräser zusammenrollen und ihre frischgrüne Farbe verlieren.

➤ Wie viel Wasser gibt man? Da das Wasser tief in die Wurzelschicht eindringen soll, rechnet man mit 10–15 Liter je Quadratmeter Rasen. Wer für solch hohe Wassermengen nicht kostbares Trinkwasser nehmen möchte, sollte sich das Regenwasser nutzbar machen (→ Spartipp).

➤ Schlauch oder Regner? Ab einer Rasengröße von 100 m² lohnt sich die Anschaffung eines Regners auf jeden Fall.

Er arbeitet selbstständig und verteilt das Wasser gleichmäßig. Mit dem Gartenschlauch können Sie das Wasser ganz gezielt ausbringen, z. B. entlang von Kantensteinen. Da diese die Sonnenwärme abstrahlen, benötigen die Gräser in ihrer Nähe mehr Wasser. Auch Rasen unter Bäumen hat einen höheren Wasserbedarf.

Überlegt düngen

Nährstoffmangel erkennen Sie am einfachsten an der nachlassenden Grünfärbung und am geringen Zuwachs.

➤ Optimal grünen und dichten Rasen erzielen Sie, wenn Sie ihn mit speziellen Rasenlangzeitdüngern versorgen, die alle notwendigen Nährstoffe im richtigen Verhältnis zueinander enthalten. Der wichtigste Nährstoff ist Stickstoff. Langzeitdünger enthalten sowohl sofort als auch langsam wirkenden Stickstoff.

➤ Blaudünger oder rein organische Dünger sind für Rasen nicht zu empfehlen.

➤ Das Düngergranulat lässt sich am besten mit einem Streuwagen gleichmäßig über die Fläche verteilen.

➤ Falls der Dünger an den Blättern klebt, schaltet man

Kreis- oder Rechteckregner verteilen das Wasser gleichmäßig.

nach dem Düngen eine Stunde lang den Regner an.

➤ Um den Dünger nicht gleich wieder aufzunehmen, sollte man frühestens 2 Tage nach dem Düngen mähen.

➤ Zierrasen werden zweimal pro Jahr gedüngt. Zum ersten Mal Mitte April, die zweite Düngung erfolgt dann im Juli.

➤ Strapazierrasen und Schattenrasen sollte man dreimal im Jahr düngen. Mögliche Zeiträume sind Ende März, Juni und August.

PRAXISINFO

Nährstoffe und ihre Wirkung

Rasenlangzeitdünger enthalten eine ausgewogene Kombination der wichtigsten Pflanzennährstoffe.

✗ **Stickstoff** (N) ist der Wachstumsmotor für Gräser. Er fördert die Blatt- und Triebbildung und sorgt für die gute Grünfärbung.

✗ **Phosphor** (P) fördert hauptsächlich das Wurzelwachstum.

✗ **Kalium** (K) stärkt die Gräser gegen Trockenheit, Kälte und Krankheiten.

Entfilzen und belüften

Wenn Sie Ihrem Rasen etwas Gutes tun wollen, sollten Sie ihn einmal im Jahr von altem Rasenfilz befreien und den Boden frisch belüften. Die ständige Nutzung und Bearbeitung führt im Lauf der Zeit dazu, dass sich der Rasen verdichtet und an der Oberfläche verfilzt. Das wiederum stört die Durchlüftung und den Wasserhaushalt des Bodens. Mit einer Reihe zweckmäßiger Gerätschaften gelingt es Ihnen, diesen Filz zu durchbrechen und dem Rasen wieder frische Luft zu verschaffen.

Rasenfilz entfernen

Abgestorbene Blätter und Triebe sowie nicht verrottetes Schnittgut lagern sich dicht über dem Boden ab und bilden den Rasenfilz. Ist diese Schicht mehr als 0,5 cm dick, sollte sie entfernt werden.

➤ Arbeitsprinzip: Geräte mit scharfen Messern dringen vertikal in die Grasnarbe ein und nehmen beim Herausziehen den Rasenfilz mit an die Oberfläche. Wegen der senkrecht arbeitenden Messer

wird dieser Vorgang auch als Vertikutieren bezeichnet, die entsprechenden Geräte als Vertikutierer.

➤ Der richtige Zeitpunkt zum Entfilzen ist das Frühjahr. Grundsätzlich sollten Sie einmal pro Jahr nach Beginn des Wachstums im März/ April vertikutieren. Bei starker Verfilzung können Sie den Vorgang nochmals im September wiederholen.

➤ Mähen Sie den Rasen vor Beginn des Bearbeitens sehr kurz. Idealerweise sind die Rasenfläche und der Boden zum Vertikutieren bereits an der Oberfläche abgetrocknet.

➤ Einfache Vertikutierrechen müssen mit der Hand in den Boden gedrückt werden, motorbetriebene Modelle schiebt man wie einen Rasenmäher über die Fläche.

➤ Achten Sie stets darauf, dass die Messer nicht tiefer als 2–3 Millimeter in den Boden eindringen, um die Gräserwurzeln zu schonen.

➤ Das herausgearbeitete Vertikutiergut wird aufgesammelt und kann auf den Kompost gegeben werden.

➤ Auch wenn der Rasen nach dem Vertikutieren ramponiert aussieht, ist das kein Grund zur Sorge. In wüchsigem Rasen schließen sich

Die Aerifiziergabel entnimmt dem Boden kleine Erdröllchen.

kleinere Löcher, unterstützt durch eine nachfolgende Düngung, von selbst. Bei größeren Lücken sollten Sie mit einer passenden Rasenmischung nachsäen.

➤ Der positive Effekt des Vertikutierens wird noch verstärkt, wenn Sie anschließend Sand im Rasen verteilen. Dazu mit dem Streuwagen oder der Schaufel etwa 2–3 l Sand pro Quadratmeter gleichmäßig ausbringen und mit dem Besen einkehren.

Frischluft für den Rasen

Auf besonders stark bespielten und betretenen Rasenflächen verdichtet sich die obere Bodenschicht. Um ihr wieder Luft zu verschaffen, belüftet oder aerifiziert man.

➤ Arbeitsprinzip: Beim Aerifizieren sticht man etwa 10 cm tiefe Hohlräume in den Boden, durch die Wasser und Luft besser in die Wurzelzone eindringen können.

➤ Stark genutzte Rasen sollten etwa alle 2–3 Jahre im Herbst aerifiziert werden. Bei reinen Zierrasenflächen oder auf sandigen, durchlässigen Böden kann diese aufwändige Arbeit auch entfallen.

➤ Eine Vielzahl von Geräten eignet sich zum Aerifizieren.

> *Mit einem Vertikutierrechen befreien Sie Ihren Rasen vom Rasenfilz.*

Angefangen bei einer einfachen Grabegabel oder Nagelbrettern, die man sich unter die Schuhe schnallt, bis hin zu motorbetriebenen Aerifizierern. Für den Hausgarten empfiehlt sich eine so genannte Aerifiziergabel. Man drückt sie mit dem Fuß in den Boden. Dabei stechen ihre Hohlzinken etwa 1,5 cm dicke Erdröllchen aus.

➤ Kehren Sie die herausgearbeiteten Erdhäufchen anschließend in den Rasen ein.

➤ Idealerweise verfüllen Sie diese Aerifizierlöcher mit Sand. So verlängert sich die Wirkung des Belüftens. ■

CHECKLISTE

Welches Werkzeug?

Zum Vertikutieren:

✔ Vertikutierrechen: die einfachste Lösung, nur für kleine Rasen bis 50 m²

✔ Vertikutierrechen auf Rädern: bis 100 m²

✔ Motorbetriebener Vertikutierer: für Flächen ab 100 m²; billiger ist es, wenn man ihn im Fachhandel ausleiht

Zum Aerifizieren:

✔ Einfache Grabegabel oder Nagelbretter zum Unterschnallen: bis 100 m²

✔ Aerifiziergabel und Igelwalze: bis 500 m²

✔ Motorbetriebene Aerifizierer: ab 500 m²; in der Anschaffung extrem teuer

Extra-Pflege für den Rasen

Nur einige Pflegestunden mehr im Jahr investiert – und Ihr Rasen macht auch bei genauerem Hinsehen einen guten Eindruck.
Wer seinen Rasen regelmäßig mäht, bewässert und düngt, bekommt in der Regel einen ganz ansprechenden grünen Teppich hin. Aber wie sieht es mit den Rasenkanten aus? Und ist da nicht die eine oder andere unschöne Stelle im ansonsten gleichmäßigen Grün zu entdecken? Mit ein bisschen Extra-Zeit und dem richtigen Werkzeug wird Ihr Rasen zum Schmuckstück.

Perfekte Kantenpflege

Kantensteine zwischen Rasen und Beet oder Weg machen die Bearbeitung der Rasenkante nach dem Mähen überflüssig (→ Seite 21). An die Eleganz einer akkuraten Rasenkante kommt diese Lösung jedoch nicht heran. An anderen Stellen wiederum, z. B. entlang von Zäunen oder rund um eine Gartenplastik oder eine Bank, ist die zusätzliche Bearbeitung der Rasenränder sogar unvermeidlich. Praktischerweise hält der Fachhandel für diese Arbeiten eine Palette unterschiedlicher Geräte bereit.

➤ **Kantenstecher** haben einen halbmondförmigen Aufsatz. Mit ihm lassen sich Rasengräser mitsamt den Wurzeln sauber abtrennen. Um eine gerade Kante zu erhalten, sollten Sie ein Holzbrett auslegen oder eine Schnur spannen, an der Sie entlang arbeiten können.

➤ Mit der **Grasschere** schneiden Sie an der Rasenkante überhängende Gräser ab. Sie schonen Ihre Handgelenke, wenn Sie Grasscheren mit drehbaren Schneiden verwenden. Noch einfacher geht es mit akkubetriebenen Scheren. Rücken schonende Modelle haben lange Griffe, damit Sie nicht ständig in der Hocke arbeiten müssen.

Mit einer exakt geschnittenen Kante entlang von Beeten oder Wegen geben Sie dem Rasen Kontur.

> *Dort wo der Rasenmäher nicht hinkommt, wird die elektrische Kantenschere zum nützlichen Helfer.*

➤ **Rasentrimmer** sind elektrisch betriebene Geräte, die das Gras mit einem Nylonfaden abschneiden. Die Kante kann damit sauber und bequem im Stehen bearbeitet werden. Außerdem eignet sich der Trimmer auch zum Mähen von hohem Gras, z. B. entlang von Zäunen.

Rasen durchlüften

Rasenlüfter sind seit ein paar Jahren stark im Kommen. Im Unterschied zu Vertikutierern und Aerifizierern (→ Seite 32/33) greifen sie nicht in den Boden ein, sondern durchkämmen lediglich die Oberfläche des Rasens. Dabei wird loses, abgestorbenes Material nach oben befördert. Die Grasnarbe wird dadurch durchlässiger für Wasser, Luft und Nährstoffe. Gleichzeitig richten die rotierenden Zinken des Lüfters liegende Gräser auf, was den Aspekt des Rasens verschönert.
➤ Kommt der Lüfter alle 2–3 Wochen zum Einsatz, bietet Ihr Rasen allzeit einen gepflegten Eindruck.
➤ Gemäht wird erst nach dem Lüften, denn so landet das herausgearbeitete Material gleich im Fangkorb oder wird zusammen mit dem Mähgut abgerecht.

Kanten reparieren

Manchmal wird die Rasenkante an einer Stelle beschädigt. Um ein weiteres Ausfransen zu vermeiden, sollte das Rasenstück baldmöglichst ausgebessert werden.
➤ Stechen Sie um die beschädigte Stelle herum ein rechteckiges Stück Rasen ab.

➤ Mit dem Spatenblatt fährt man dann unter die Sode und hebt sie ab. Schieben Sie die Sode so weit nach vorn, bis die schadhafte Stelle vor der Kante liegt.
➤ Legen Sie ein Holzbrett als Richtlatte aus und stechen Sie mit dem Kantenschneider das beschädigte Stück Rasen ab.
➤ Die dahinter entstandene Kahlstelle im Rasen einsäen und ständig feucht halten. ■

PRAXISINFO

Pflegeprogramm in der Urlaubszeit

✗ Längere Mähpausen verträgt ein Rasen, längere Gießpausen nicht. Bitten Sie deshalb Bekannte, Ihren Rasen bei Trockenheit 1–2-mal pro Woche während Ihrer Abwesenheit zu bewässern.

✗ Mähen Sie, kurz bevor Sie abreisen, den Rasen auf jeden Fall noch einmal auf die übliche Schnitthöhe.

✗ Vermeiden Sie nach Ihrer Rückkehr einen radikalen Kurzschnitt. Besser ist es, den Rasen nach und nach um jeweils die Hälfte einzukürzen.

Moos und Unkräuter

Nicht verzagen: Moos und Unkräuter kommen in den gepflegtesten Rasen vor. Mit Hartnäckigkeit wird man sie aber auch wieder los.

Gegen die Natur ist man einfach machtlos: Samen werden dem Moos, das lange Zeit unbemerkt und ganz klammheimlich zu Füßen der Gräser sein Geflecht ausbreitet.

Chemische Bekämpfung?

Im Handel findet man chemische Moos- und Unkrautvernichter, so genannte Herbizide, die einen schnellen Erfolg bei der Bekämpfung der unerwünschten Pflanzen versprechen. In Kombination mit Rasendünger stärken sie gleichzeitig die Gräser. Ob Sie diese Pflanzenschutzmittel einsetzen möchten, ist Ihre Entscheidung. Falls ja, sollten Sie die behördlichen Auflagen und Anwendungshinweise ganz genau beachten. Besser ist es in jedem Fall, die Störenfriede möglichst früh aufzuspüren und dann auf mechanischem Wege zu bekämpfen.

Konkurrenzstark: Moos

Moos bildet kein eigenes Stützgewebe wie die höheren Pflanzen, sondern breitet sich kriechend auf dem Boden aus. Für seine Ent-

wicklung braucht Moos Feuchtigkeit.

➤ Besonders Rasen in feuchten Schattenlagen sind gefährdet. **Abhilfe:** Jährliches Vertikutieren (→ Seite 32/33) im Frühjahr. Vorbeugend sollten Sie nur spezielle Schattenrasen-Mischungen (→ Seite 54/55) einsäen.

➤ Auch bei zu tiefem Mähen oder bei Nährstoffmangel kann der Rasen vermoosen. **Abhilfe:** Schnitthöhe anheben und Düngung verbessern.

> *Moos bildet sich vornehmlich in schattigen Bereichen.*

vom Wind angeweht und aus dem Samenpotenzial des Bodens kämpfen sich immer wieder neue Pflanzen ans Licht, die im Rasen eigentlich nichts zu suchen haben. Ebenso verhält es sich mit

TIPP

>> schnell und einfach

Vorbeugen

➤ Bekannte Problemstellen während des Jahres öfter kontrollieren.

➤ Wo sich feuchte Stellen im Rasen befinden, kann die Ansiedlung von Moos durch Einkehren von Sand erschwert werden.

➤ Blütenstände rechtzeitig abmähen, bevor die Unkräuter aussamen können.

➤ Rasen, der durch staunassen Boden ohnehin geschwächt ist, vermoost sehr schnell. **Abhilfe:** Auf Dauer verspricht nur eine tief greifende Bodenverbesserung Erfolg, unter Umständen auch mit Anlage einer Bodendränage (→ Seite 12/13).

➤ Oft wird unter einer vermoosten Fläche ein niedriger pH-Wert gemessen. Dieser ist selten die Ursache für das Moos, sondern meist entsteht er erst durch ungünstige Bodenverhältnisse, z. B. Staunässe und Luftabschluss. **Abhilfe:** Ursachen beseitigen. Kalkstreuen hilft nicht.

Unkraut vergeht nicht

Leider steckt viel Wahrheit in dieser Aussage. Trotz der geschlossenen Grasnarbe gelingt es einigen zähen Kräutern, sich inmitten des Grüns festzusetzen.

➤ Die beste Vorbeugung ist eine möglichst dicht geschlossene Rasendecke und eine optimale Nährstoffversorgung der Gräser, damit sie konkurrenzstark bleiben.

➤ Erste **Abhilfe** bringt das manuelle Entfernen der Störenfriede. Sehr praktisch sind spezielle Unkrautstecher, wie sie der Fachhandel anbietet.

> *Mit dem Unkrautstecher entfernt man Löwenzahn mitsamt Wurzel.*

Stark Ausläufer bildenden Unkräutern wird man auf diese Weise jedoch nicht Herr werden; hier ist der Einsatz von Herbiziden angezeigt.

➤ »Fremdgräser« wie Jährige Rispe und Honiggras stören das einheitliche Grün des Rasens durch ihre hellere Farbe oder groben Blätter. **Abhilfe:** Hier ist nur mechanische Beseitigung durch Ausstechen möglich. Vorbeugend wirken die Auswahl von gutem Saatgut und eine intensive Pflege. ■

CHECKLISTE

Was hilft gegen welche Unkräuter?

Die typischen Rasenunkräuter haben verschiedene Strategien entwickelt, wie sie im Rasen bestehen können.

✔ Löwenzahn bildet eine sehr lange Pfahlwurzel aus. Beim Herausstechen dürfen keine Wurzelteile im Boden bleiben.

✔ Gänseblümchen bilden Blattrosetten, die dem Boden dicht aufliegen. Man kann sie gut mit einer Handschaufel aushebeln.

✔ Weißklee breitet sich durch Wurzelausläufer aus. Entfernen Sie stets auch alle Tochterpflanzen.

Tierische Störenfriede

Tierische Schädlinge im Rasen sind zwar lästig, werden aber selten zu einem gravierenden Problem. Sobald man weiß, welcher Störenfried sein Unwesen treibt, kann man wirksame Gegenmaßnahmen ergreifen. Nicht immer lassen sich die Verursacher von Erdhaufen oder gelben Flecken im Rasen so schnell identifizieren wie Maulwurf oder Hund. Meist muss man schon genau hin-

Der Maulwurf steht unter Naturschutz: Man darf ihn nur lebend fangen.

sehen, wer sich da im Rasen und im Boden versteckt. Die beste Vorbeugung gegen unerwünschte Gäste ist übrigens ein gepflegter Rasen mit dicht geschlossener Grasnarbe auf durchlässigem, nährstoffreichem Boden.

Maulwurf

Maulwurfshaufen sind der Schreck jeden Rasenfreundes. Dabei haben die possierlichen Maulwürfe auch ihre guten Seiten. Sie leben von tierischer Kost und graben ihre unterirdischen Gänge auf der Suche nach Drahtwürmern, Engerlingen und anderen Rasenschädlingen in den Boden. Damit helfen sie also die Schädlinge in Schach zu halten, ziehen aber mit ihren großen aufgeschütteten Erdhaufen viel Unmut auf sich. **Abhilfe:** Ebnen Sie die Haufen so rasch wie möglich wieder ein, damit der Rasen unter der Erde nicht abstirbt. Eine Bekämpfung des Maulwurfs ist aus Naturschutzgründen absolut verboten. Sie dürfen ihn lediglich vergraulen. Hierzu gibt es die unter-

schiedlichsten Produkte und Methoden, angefangen von abschreckenden Düften oder quietschenden Windrädern bis hin zu Ultraschallgeräten. Am meisten Erfolg verspricht jedoch eine häufige Nutzung der Rasenfläche, um den sensiblen Maulwurf zu vertreiben. Auch jagende Katzen schätzt er gar nicht.

Wühlmäuse

Wühlmäuse legen ihre Gänge im Wurzelbereich der Gräser an und schütten kleine Erdhügel auf. Der Rasen wird buchstäblich untergraben und vertrocknet über den Gängen sehr schnell. Erschwerend kommt noch hinzu, dass die Nager sich von den Pflanzenwurzeln ernähren. **Abhilfe:** Treten Sie den hochgehobenen Rasen mit den Füßen wieder an, und bewässern Sie ihn ausgiebig. Wühlmäuse dürfen mit Fraßködern oder Kastenfallen bekämpft werden.

Regenwürmer

Regenwürmer sind wertvolle Helfer bei der Bodenbearbei-

> *Die Engerlinge des Gartenlaubkäfers ernähren sich von Gräserwurzeln.*

tung. Bei massenhaftem Auftreten im Frühjahr und Herbst werden die Gräser jedoch regelrecht begraben. **Abhilfe:** Erdhäufchen mit dem Rechen oder einem Besen über der Fläche verteilen. Außerdem vertreibt wiederholtes Besanden mit je 3–4 l Sand pro m² die Regenwürmer von der Bodenoberfläche.

Ameisen
Ameisen legen ein unterirdisches Gangsystem im Boden an, der dadurch leicht absacken kann. An der Oberfläche machen sie sich durch kleine

Erdhügel und die darunter begrabenen Gräser bemerkbar. **Abhilfe:** Falls Sie die Ameisen nicht direkt bekämpfen wollen, sollten Sie den Erdauswurf mit viel Wasser wieder in den Boden einschlämmen. Die Blätter werden somit freigelegt und die Ameisen durch das mehrmalige Bewässern vertrieben.

Insektenlarven
Die Larven mancher Insekten leben oft monate- bis jahrelang im Boden und ernähren sich von den Wurzeln, teilweise aber auch von den oberirdischen Teilen der Gräser. Der Rasen wird braun, dort wo die Wurzeln komplett abgefressen sind, lässt er sich sogar wie ein Teppich vom Boden abheben. Vögel, die auf der Suche nach den Larven den Rasen umgraben, verstärken die Schäden noch. **Abhilfe:** Nachtaktive Larven wie Erdraupen und Wiesenschnakenlarven können Sie frühmorgens oder abends absammeln. Man kann aber auch ganz gezielt Fadenwürmer (Nematoden) als Nützlinge einsetzen. Sie suchen im Boden nach den Schädlingen und töten sie ab. Sobald die Art der Larven zweifelsfrei

geklärt ist (→ Checkliste), kann man die entsprechende Nematodenart über den Fachhandel bestellen.

Grasmilben
Grasmilben, auch »Erntemilben« oder »Herbstmilben« genannt, schädigen den Rasen nicht. Sie können aber bei massenhaftem Auftreten Menschen und Tiere befallen und unangenehmen Juckreiz verursachen. **Abhilfe:** Regelmäßiges Mähen mit Aufnahme des Schnittgutes wirkt einer Massenvermehrung der Plagegeister entgegen. ◼

CHECKLISTE

Störenfriede erkennen

Erdhügel
✔ Maulwurf: gleichmäßige, große Hügelkuppe
✔ Wühlmaus: unregelmäßiger, kleinerer Erdauswurf

Verschiedene Larven
✔ Engerlinge: groß, gekrümmt, weißlich
✔ Drahtwürmer: hellbraun, glänzend, 2–3 cm lang
✔ Wiesenschnakenlarven: kurz, fast gestreckt, ohne Beine, graubraun
✔ Erdraupen: groß, gekrümmt, bräunlich

Aus Alt mach Neu

Ihr Rasen ist unschön, hat Lücken, ist vermoost oder verunkrautet und hat kaum noch Gräser? Dann sollten Sie ihn erneuern.

Solange die Schäden lokal beschränkt sind, genügt es, sie partiell auszubessern. Ist jedoch der ganze Rasen betrof-

> *Kleinflächige Lücken: Etwas Saatgut ausstreuen und flach einharken.*

fen, muss er von Grund auf erneuert werden.

Stellen ausbessern

Treten lokal begrenzte Schadstellen auf, z. B. durch abge-

faulte Rasengräser nach der Schneeschmelze oder durch stellenweise Überbelastungen der Grasnarbe, kann man diese gesondert von der übrigen Fläche behandeln.

➤ **Nachsäen:** Zuerst müssen alle abgestorbenen Gräserreste entfernt werden. Dann graben Sie den Boden leicht um und arbeiten je nach Bedarf etwas Komposterde oder Sand (bei Nässeschäden) mit ein. Den Boden mit einem Brettchen andrücken und frisch einsäen.

➤ **Flicken:** Die beschädigte Sode abstechen und mit dem Spaten abtragen. Als Ersatz ein gleich großes Stück an einer abgelegenen Rasenpartie herausschneiden und in die Schadstelle setzen. Die entstandene Lücke einsäen.

Rasen erneuern

Der beste Zeitraum für die Erneuerung liegt im Mai oder August/September. Wenn Sie wie im Folgenden beschrieben vorgehen, werden Sie schon in wenigen Wochen einen tollen neuen Rasen besitzen.

➤ **Tief mähen:** Mähen Sie den alten Rasen auf der tiefsten Stellung Ihres Mähers. Dies schwächt den Altbestand und gibt den neuen Gräsern bessere Startchancen. Das Mähgut sollte restlos entfernt werden.

➤ **Gründlich vertikutieren:** Der kurz geschnittene Rasen wird nun in Längs- und in Querrichtung mehrmals vertikutiert. Je gründlicher das geschieht, umso besser. Sie schaffen damit einen guten

TIPP

>> schnell und einfach

Alten Bestand entfernen

Bei sehr hohem Unkrautbesatz ist es sinnvoll, vor der Rasenerneuerung den alten Bestand mit einem geeigneten Totalherbizid zu behandeln. Dadurch werden auch sonst nicht zu beseitigende Wurzelunkräuter und Ungräser erfasst. Lassen Sie sich im Fachhandel umfassend beraten.

1 Vertikutieren

Nachdem der alte Rasen kurz gemäht wurde, bearbeitet man ihn mehrmals in Längs- und Querrichtung mit dem Vertikutierer. Reste abharken.

2 Aussäen

Bringen Sie vor dem Aussäen einen speziellen Starter-Dünger aus. Dünger und Saatgut am besten mit dem Streuwagen verteilen.

3 Abdecken

Torf oder nährstoffarme Erde als Abdeckung schützt das Saatgut vor Erosion und Vogelfraß. Mit Schaufel und Rasenrechen verteilen.

Bodenkontakt für das neue Saatgut und ideale Keimbedingungen. Nach der Bearbeitung der Fläche können Sie, falls notwendig, auch noch kleinere Unebenheiten des Bodens ausgleichen, indem Sie Oberboden auf- oder abtragen.

➤ **Startdüngung und Einsaat:** Um den Keimlingen beste Nährstoffbedingungen zu bieten, düngt man die Fläche mit phosphorbetontem Starter-Dünger. Danach wird mit etwa 20–25 g Saatgut pro m² ausgesät. Verwenden Sie dazu am besten einen Streuwagen. Je gleichmäßiger Saatgut und Dünger ausgestreut werden, umso besser ist das Ergebnis.

➤ **Abdecken:** Für einen guten Bodenkontakt des Saatgutes wird nun Torf oder ein anderes ungedüngtes Substrat gleichmäßig maximal 0,5 cm dick mit dem Rechen auf die eingesäte Fläche verteilt. Torf schützt das Saatgut und zeigt, wenn er hell wird, an, dass die neue Rasenfläche beregnet werden muss.

➤ **Beregnen:** Die Keimung der verschiedenen Rasengräser in einer Mischung verläuft über einen Zeitraum von 1–3 Wochen. In dieser Zeit entscheidet eine gute Durchfeuchtung des Bodens über den Keimerfolg. Bei trockener Witterung sollten Sie 4–5-mal täglich für ca. 10 Minuten den Regner einschalten. ■

PRAXISINFO

Rasen erneuern

🕐 **Zeitbedarf:**
2,5 Std. pro 100 m² Rasen

Material:
- ✗ Rasen-Starterdünger
- ✗ Rasenmischung
- ✗ Torf oder anderes ungedüngtes Substrat

Werkzeug:
- ✗ Schaufel
- ✗ Rasenmäher
- ✗ Vertikutiergerät (kann man sich auch ausleihen)
- ✗ Rasenrechen zum Abharken des Vertikutierguts und Verteilen des Torfs
- ✗ Streuwagen
- ✗ Regner zur gleichmäßigen Bewässerung

Diagnose leicht gemacht

Pilzkrankheiten

Pilze leben vorwiegend im Rasenfilz oder im Boden und warten dort auf für sie optimale Entwicklungsbedingungen. Bei ihrer Bekämpfung ist Hygiene oberstes Gebot, damit sich die Pilzsporen nicht weiter ausbreiten. Das Mähgut sollte über den Hausmüll entsorgt werden, die benutzten Geräte sollten hinterher sorgfältig gereinigt werden.

Hexenringe: Das Geflecht dieses Pilzes breitet sich unter der Erde kreisförmig aus. Oberirdisch erkennt man nur einen gelben oder grünen Ring. **Abhilfe:** Den Ring mit der Grabegabel aerifizieren. Pilzgeflecht im Boden intensiv bewässern.

Hutpilze treten häufig ab dem Frühsommer bei feucht-warmer Witterung auf verfilzten Rasenflächen auf. **Abhilfe:** Hutpilze leben im und vom Rasenfilz und können einfach abgemäht werden. Zur Vorbeugung vertikutieren.

> **Schneeschimmel** ist eine typische Winterkrankheit, deren Entstehen durch Nässe gefördert wird. **Abhilfe:** Im Herbst viel Kalium düngen und Laub vom Rasen entfernen.

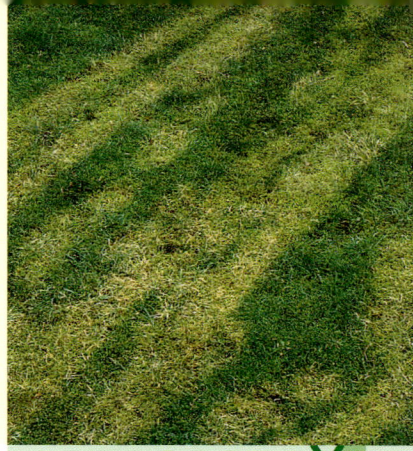

> **Rotspitzigkeit:** Kleine rote Fäden an den Blättern geben dieser Pilzkrankheit ihren Namen. **Abhilfe:** Düngen, der Pilz wächst sich dann aus.

Frostschaden: Gefrorene Gräser brechen bei Betreten ab. Pilze haben gute Ausbreitungschancen. **Abhilfe:** Rasen bei Frost oder Raureif nicht betreten.

> **Pythium-Fäule:** Eine zunehmend auftretende Pilzerkrankung, die v. a. Einsaaten befällt. Die Gräser sterben innerhalb weniger Tage ab und lassen sich leicht aus dem Boden ziehen. **Abhilfe:** Erneute Einsaat.

> **Laub** entzieht den Gräsern Licht und schwächt sie. Die hohe Luftfeuchtigkeit unter den Blättern fördert die Entstehung von Pilzkrankheiten. **Abhilfe:** Regelmäßig zusammenrechen und vom Rasen entfernen.

Pflanzenporträts

Die Rasen-macher

Rasen besteht aus Gräsern, denn diese einkeimblättrigen Pflanzen erfüllen die Ansprüche an eine Rasenfläche optimal. Lediglich im Kräuterrasen oder in der Blumenwiese werden Kräuter bei der Aussaat hinzugefügt. Weltweit gibt es etwa 10 000 verschiedene Gräserarten. Für Rasenflächen in Mitteleuropa spielen aber nur etwa 10 Arten eine Rolle. Bei den meisten Hausrasenflächen genügen 5 Gräserarten, um die wichtigsten Nutzungsansprüche und Standortbedingungen abzudecken.

Vor etwa vier Jahrzehnten begannen in Europa die Pflanzenzüchter, von diesen Arten spezielle Rasensorten zu züchten. Diese wurden dringend benötigt, da es bis dahin nur Gräsersorten für die landwirtschaftliche Nutzung gab. Diese so genannten Futtersorten, die Massenertrag bringen mussten, sind für Rasen nicht geeignet. Leider werden sie aber immer noch in den Billigmischungen verwendet.

Deutsches Weidelgras
Lolium perenne

Wuchs: Horst bildend
Blatt: fein bis mittelbreit
schnell wachsend

➤ **kurze Keimdauer**

Eigenschaften: keimt von allen Rasengräsern am schnellsten; verträgt Trockenheit gut, aber etwas frostempfindlich; anfällig für Schneeschimmel und Rotspitzigkeit
Verwendung: Hauptgras in fast allen Rasenmischungen, besonders in Mischungen für Strapazierrasen
Pflege: braucht ausreichend Licht und Nährstoffe, Stickstoff liebend; regelmäßiger Schnitt fördert die Horstbildung (Bestockung) und die Narbendichte

Horst-Rotschwingel
Festuca rubra commutata

Wuchs: Horst bildend
Blatt: fein, gute Winterfarbe
sehr langsam wachsend

➤ **bildet feine Grasnarben**

Eigenschaften: die borstenähnlichen Blätter bilden sehr feine und dichte Grasnarben; für Halbschatten geeignet; anfällig für Rotspitzigkeit (Pilzkrankheit)
Verwendung: schönes Gras für Zierrasen; wird auch gern in Mischungen für Kräuterrasen und Blumenwiese verwendet
Pflege: geringe Ansprüche an die Nährstoff- und Wasserversorgung; bei hohem Anteil im Rasen starke Rasenfilzbildung, verschwindet bei stärkerer Belastung

☼ sonnig ◐ halbschattig ● schattig

Kurzausläufer-Rotschwingel
Festuca rubra trichophylla

Wuchs: kurze Ausläufer
Blatt: fein, gute Sommerfarbe
langsam wachsend

➤ **sehr dichtwüchsig**

Eigenschaften: die borsten-ähnlichen Blätter behalten auch bei Trockenheit den ganzen Sommer über eine schöne Grünfärbung; bildet mit kurzen Ausläufern sehr feine Grasnarben; anfällig für Rotspitzigkeit und Schneeschimmel
Verwendung: wichtiges Gras für Zierrasen; oft auch in Mischungen für Kräuterrasen und Blumenwiese
Pflege: sehr genügsam; stellt geringe Ansprüche an Nährstoff- und Wasserversorgung

Lägerrispe
Poa supina

Wuchs: oberird. Ausläufer
Blatt: mittelbreit
langsam wachsend

➤ **schattenverträglich**

Eigenschaften: bestes Schattengras; dank oberirdischer Ausläufer sehr konkurrenzstark; Blätter werden im Winter heller, aber sehr früher Wachstumsbeginn im Frühling; trockenheitsempfindlich
Verwendung: besonders in Mischungen für Schatten- und Strapazierrasen; auch für Zierrasen geeignet, aber nicht für Blumenwiesen
Pflege: braucht viel Wasser und ausreichend Nährstoffe; Schnitthöhe im Schatten nicht unter 4,5 cm

Wiesenrispe
Poa pratensis

Wuchs: unterird. Ausläufer
Blatt: mittelbreit
sehr langsam wachsend

➤ **sehr langsame Keimung**

Eigenschaften: die langen und kräftigen Ausläufer bilden dichte Bestände; formenreich; im Winter nur mäßiges Grün; trockenheitsverträglich, aber nässeempfindlich; anfällig für Rostkrankheiten
Verwendung: in fast allen Rasenmischungen; insbesondere für Strapazierrasen, Zierrasen und Kräuterrasen
Pflege: braucht ausreichend Licht und Nährstoffe; regelmäßiger Schnitt fördert die Ausläuferbildung und damit das Schließen von Lücken

---

 nicht trittfest   trittfest   sehr trittfest   für Rasen   für Blumenwiesen

Bunte Wiesen-
blumen

Wiesen sind Lebensgemein-
schaften aus Gräsern und
ausdauernden Blumen und
Kräutern.

Besonders die farbenfroh blühenden Wiesenblumen geben
den Wiesen einen je nach
Standort und Jahreszeit inte-
ressanten Farbaspekt. In größeren Gärten aber auch als
kleine Fläche neben der Rasenfläche oder Rabatten bildet die Blumenwiese eine Be-
reicherung der Artenvielfalt.
Sehr reizvoll ist eine Blumenwiese als Übergang zwischen
kurz gemähtem Rasen und
einer Hecken- oder Baumbe-
pflanzung. Auch unter Obst-
bäumen malt die Blumen-
wiese ein bezauberndes Bild.
Besonders artenreiche und
bunt blühende Wiesen entstehen auf nährstoffarmen und
nicht zu feuchten Böden, die
nur ganz selten betreten werden. Hier haben die Blumen
bessere Entwicklungschancen
gegenüber den Gräsern und
trittverträglichen Kräutern.
Blumenwiesen brauchen
keine spezielle Pflege.

Karthäuser-Nelke
Dianthus carthusianorum

Wuchshöhe: 15–40 cm
Blütezeit: Juni – September
purpurrote Nelkenblüten

➤ **intensive Blütenfarbe**

Eigenschaften: meist entwi-
ckeln sich die Blüten zu mehre-
ren dicht gedrängt am Ende
des unbehaarten Stiels; Blü-
tenteller 2–3 cm im Durchmesser; Blätter derb, schmal und
linealförmig; Schmetterlings-
nahrung
Standort: sehr wärmeliebend;
bevorzugt trockene und kalkreiche Böden; verträgt keine
Staunässe und Bodenverdichtungen
Verwendung: für nährstoffarme Magerwiesen mit kalk-
haltigem Boden

Kriechender Hahnenfuß
Ranunculus repens

Wuchshöhe: 10–50 cm
Blütezeit: Mai – August
gelbe Schalenblüten

➤ **verträgt Staunässe**

Eigenschaften: einzelne gold-
gelbe, glänzende Blüten an
den Enden der verzweigten
Stängel; Blütendurchmesser
2–3 cm; Blätter gelappt oder
gekerbt (»hahnenfußähnlich«);
Pflanze breitet sich mit oberirdischen, kriechenden Ausläufern aus
Standort: bevorzugt feuchte
Lehmböden mit guter Stick-
stoffversorgung; verträgt keine
Trockenheit
Verwendung: für nährstoffreiche Fettwiesen mit guter
Wasserversorgung

☼ sonnig ◑ halbschattig ● schattig

Wiesen-Flockenblume
Centaurea jacea

Wuchshöhe: 20–80 cm
Blütezeit: Juni – Oktober
violette Körbchenblüten

➤ **haltbare Schnittblume**

Eigenschaften: endständige Blütenköpfe; ausschließlich Röhrenblüten, die äußeren größer als die inneren; Stängel meist aufrecht mit lanzettlichen Blättern; die untersten Blätter geteilt; Blütennektar ist wertvolle Insektennahrung
Standort: heller Standort; bevorzugt sandige Lehmböden; empfindlich gegenüber Staunässe und Bodenverdichtungen
Verwendung: Fettwiesen mit guter Wasser- und Nährstoffversorgung

Wiesen-Margerite
Leucanthemum vulgare

Wuchshöhe: 20–80 cm
Blütezeit: Mai – September
weiße Strahlenblüten

➤ **haltbare Schnittblume**

Eigenschaften: Kranz weißer Strahlenblüten mit gelber Mitte; gänseblümchenähnlich, aber 3–5 cm Durchmesser; Blüten endständig an aufrechten, verzweigten Stielen; lanzettliche Blätter, leicht gesägt
Standort: lichte Plätze; häufig anzutreffende Pionierpflanze auf nährstoffreichen Wiesen
Verwendung: keine großen Ansprüche an Wasser- und Nährstoffversorgung; gedeiht auf nährstoffreichen Fettwiesen ebenso wie auf nährstoffarmen Magerwiesen

Wiesen-Salbei
Salvia pratensis

Wuchshöhe: 30–60 cm
Blütezeit: Mai – September
blaue Lippenblüten

➤ **gute Farbwirkung**

Eigenschaften: immer mehrere Blüten stehen in Scheinquirlen zusammen; Stängel vierkantig, mit eiförmigen Blättern; grundständige Blätter sehr groß; Bienennahrung
Standort: sehr wärmeliebend; bevorzugt sonnige bis leicht beschattete Plätze; liebt trockene, kalkreiche Böden; verträgt weder Staunässe noch Bodenverdichtungen
Verwendung: fühlt sich auf nährstoffreichen Fettwiesen ebenso wohl wie auf kalkreichen Magerwiesen

Farbtupfer im Rasen

Eine farbige Abwechslung in das Grün des Rasens bringen Gruppen- oder Einzelpflanzungen von Zwiebel- und Knollenpflanzen. Die Frühjahrsblumen treiben aus ihren unterirdischen Speicherorganen häufig bereits in den Wintermonaten aus und durchstoßen den Rasen. Über ihre Blätter bilden sie während der Wachstumszeit neue Reservestoffe. Diese werden dann in den Zwiebeln oder Knollen gespeichert und für den Austrieb im nächsten Frühjahr benötigt. Daher ist es unbedingt erforderlich, dass Sie die Blumen nicht zu früh mähen und somit die Blätter entfernen. Sind in Ihrem Rasen sehr viele Einzelpflanzen verteilt, sollten Sie mit dem Mähen bis etwa Ende Mai warten. Rasen um Blumeninseln herum können Sie natürlich bereits früher mähen. Für Farbtupfer im Herbst eignen sich Prachtkrokus (*Crocus speciosus*) und Herbstzeitlose (*Colchicum autumnale*).

Blausternchen
Scilla siberica

Wuchshöhe: 10–15 cm
Blütezeit: März – April
Zwiebelpflanze

➤ **toller Blauton**

Eigenschaften: glockenförmige, hängende Blüten; Kultursorten mit Blüten in verschiedenen Blautönen und in weiß
Pflanzung: im Herbst, etwa 10 cm tief und im Abstand von 10 cm; möglichst umgehend nach dem Kauf setzen, da die Zwiebeln leicht austrocknen
Standort: bevorzugt sandige Lehmböden; gedeiht nicht auf verdichteten Böden
Verwendung: im Rasen; breitet sich mit der Zeit in kleinen Gruppen zu größeren Beständen aus

Dichternarzisse
Narcissus poeticus

Wuchshöhe: 30–40 cm
Blütezeit: April – Mai
Zwiebelpflanze

➤ **fröhliche Wirkung**

Eigenschaften: weiße Blüten mit flacher, oft rot gerandeter Nebenkrone; angenehm duftend; schmale blau- oder graugrüne Blätter; schöne Schnittblume
Pflanzung: im September etwa 15 cm tief setzen; der Abstand der Zwiebeln sollte 10–15 cm betragen
Standort: liebt gut durchlässige, sandige Lehmböden
Verwendung: am besten in kleineren Gruppen, verteilt über die Fläche pflanzen; auch für Blumenwiesen

☼ sonnig　◑ halbschattig　● schattig

Krokus
Crocus-Hybriden

Wuchshöhe: 5–15 cm
Blütezeit: März – April
Knollenpflanze

➤ **leuchtende Farben**

Eigenschaften: Blüten in Weiß, Gelb, Lila, Blau, Violett, auch zweifarbig; Narben und Griffel meist in intensivem Orangeton, ragen aus der Blüte heraus
Pflanzung: Zwiebeln im Oktober/November etwa 5–10 cm tief und im Abstand von 10–15 cm setzen
Standort: gut durchlässige Böden; reagiert empfindlich auf Staunässe
Verwendung: am wirkungsvollsten in Gruppen; verschiedenfarbige Sorten gut miteinander kombinierbar

Puschkinie
Puschkinia scilloides

Wuchshöhe: 15–20 cm
Blütezeit: März – April
Zwiebelpflanze

➤ **zarte Glöckchenblüten**

Eigenschaften: nickende, hellblaue Blütenglocken mit dunklen Mittelstreifen
Pflanzung: im September oder Oktober, etwa 10 cm tief und im Abstand von 10 cm einpflanzen
Standort: Wärme liebend; gut durchlässige Böden; empfindlich gegenüber Trockenheit im Frühjahr; verträgt aber keine Staunässe
Verwendung: in kleinen Gruppen; am besten ungestört wachsen lassen; breitet sich von allein aus

Schneeglöckchen
Galanthus nivalis

Wuchshöhe: 10–15 cm
Blütezeit: Februar – März
Zwiebelpflanze

➤ **erster Frühlingsbote**

Eigenschaften: schneeweiße, hängende Glöckchen; leichter Duft; blaugrüne, schmale Blätter
Pflanzung: die haselnussgroßen Zwiebeln werden am besten im September etwa 5–8 cm tief und im Abstand von 10 cm gesetzt
Standort: bevorzugt lehmige Böden ohne stauende Nässe
Verwendung: am besten in Rasen unter Laubgehölzen oder am Gehölzrand; harmoniert mit dem gelb blühenden Winterling (*Eranthis hyemalis*)

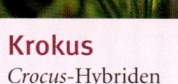

Häufige Unkräuter

Manche Kräuter werden im Rasen zu ungebetenen Gästen, wenn sie den Gräsern Licht, Wasser und Nährstoffe weg nehmen. Andere Kräuter wiederum stören den optischen Aspekt eines perfekten Rasens oder schränken seine Tauglichkeit für bestimmte Nutzungen ein. Auf Rosettenpflanzen wie Wegerich, Löwenzahn oder Gänseblümchen steigt bei Nässe die Rutschgefahr. Die Blüten des Weißklees locken Bienen an, die bloßen Fußsohlen schon einmal gefährlich werden können. Ob ein Kraut zum Unkraut wird und beseitigt werden muss, ist letztendlich Ihre Entscheidung. Hübsch blühende Unkräuter können ebenso die Optik der Rasenfläche bereichern.

Unkraut bei der Anlage eines Rasens entstammt fast immer dem Samenpotenzial des Bodens. Die meisten Unkräuter verschwinden durch das Mähen von selbst. Problematisch sind nur solche, die sich trotz guter Rasenpflege ausbreiten.

Breit-Wegerich
Plantago major

Wuchshöhe: 15–30 cm
Blütezeit: Juni – Oktober
Rosetten bildende Pflanze

➤ **trittunempfindlich**

Eigenschaften: unscheinbare Blüten in langer, dichter Ähre; Blätter in bodenständiger Rosette; starke Verdrängungskraft; Blätter und auch Samentriebe werden beim Mähen nicht erfasst
Standort: wächst bevorzugt auf verdichteten, lehmigen Böden mit guter Nährstoffversorgung
Gegenmaßnahmen: Einzelpflanzen am besten vor dem Aussamen mit dem Unkrautstecher tief ausstechen; chemische Bekämpfung möglich

Gänseblümchen
Bellis perennis

Wuchshöhe: 3–10 cm
Blütezeit: Februar – Oktober
Rosetten bildende Pflanze

➤ **sehr anpassungsfähig**

Eigenschaften: weiße Strahlenblüten mit gelber Mitte; blattloser Stängel; Blätter grundständig; starke Verdrängungskraft; passt sich selbst tiefem Schnitt an; sehr großes Samenpotenzial
Standort: kommt auf fast allen Böden vor; gedeiht auch auf verdichteten und staunassen Böden
Gegenmaßnahmen: Einzelpflanzen lassen sich sehr gut mit einem Unkrautstecher entfernen; entstehende Lücken sofort nachsäen

☼ sonnig   ◐ halbschattig   ● schattig

Gamander Ehrenpreis
Veronica chamaedrys

Wuchshöhe: 15–30 cm
Blütezeit: April – Juni
Ausläufer bildende Pflanze

➤ **hohe Verdrängungskraft**

Eigenschaften: einfache, azurblaue Blüten; stark wuchernd; verbreitet sich über Kriechtriebe, Samen und Pflanzenteile, erstickt die Gräser
Standort: kommt auf fast allen Böden vor; keine besonderen Ansprüche; häufig zusammen mit anderen Ehrenpreis-Arten
Gegenmaßnahmen: mechanische oder chemische Bekämpfung nicht Erfolg versprechend; durch Vertikutieren nach der Blüte wird die Pflanze geschwächt; Vertikutiergut sorgfältig entfernen

Löwenzahn
Taraxacum officinale

Wuchshöhe: 10–40 cm
Blütezeit: April – September
Rosetten bildende Pflanze

➤ **fast überall vorkommend**

Eigenschaften: gelbe Körbchenblüten; mit Pfahlwurzel tief wurzelnd; großes Samenpotenzial; weite Verbreitung durch den Wind; starke Verdrängungskraft
Standort: bevorzugt auf tiefgründigen, lehmigen Böden mit guter Nährstoffversorgung; wächst aber auch auf verdichteten Böden
Gegenmaßnahmen: Einzelpflanzen lassen sich sehr gut mit einem Unkrautstecher entfernen; möglichst ganze Pfahlwurzel entfernen

Weißklee
Trifolium repens

Wuchshöhe: 5–30 cm
Blütezeit: Mai bis September
Ausläufer bildende Pflanze

➤ **trittunempfindlich**

Eigenschaften: kleine weiße Lippenblüten in endständigem Körbchen vereint; starke Ausbreitung über oberirdische Ausläufer und Samen
Standort: liebt lehmige, kalkhaltige Böden; breitet sich besonders rasch auf nicht gedüngtem Rasen aus
Gegenmaßnahmen: mechanisch nicht einzudämmen; Vertikutieren fördert die Ausbreitung; Reduzierung durch ausreichende Stickstoffdüngung möglich; chemisch gut zu bekämpfen

 manuell entfernen   chemisch entfernen   giftig

Rasen für jeden Zweck

Wenn Standort- und Boden- verhältnisse geklärt sind und Sie Ihre Erwartungen an die Grünfläche definiert haben, kann es an die Auswahl der Samenmischung gehen. Im Fachhandel findet man für fast jede Situation die passen- de Kombination. Bei speziel- len Anforderungen an Ihr Grün können Sie sich hier auch eine ganz individuelle Rasenmischung zusammen- stellen lassen.

Für Rasenwege, Schotterrasen und Rasengittersteine sollte man Strapazierrasen- oder Kräuterrasen-Mischungen bevorzugen. Zum Begrünen von Böschungen sind die robusten Kräuterrasen-Arten ebenfalls eine gute Wahl, für ganz steile Hänge nimmt man Blumenwiesen-Saaten.

Zierrasen

- ➤ **Belastbarkeit/Trittfestigkeit:** gering
- ➤ **Mögliche Artenzusammensetzung:**
  40 % Horst-Rotschwingel (*Festuca rubra commutata*)
  30 % Kurzausläufer-Rotschwingel (*Festuca rubra trichophylla*)
  10 % Ausläufer-Rotschwingel (*Festuca rubra rubra*)
- ➤ **Verwendung:** als Zierelement im Garten und Vorgarten, Rasen zum Anschauen

- ➤ **Standort:** keine besonderen Bodenan- sprüche, gut trockenheitsverträglich, nur mäßig schattenverträglich
- ➤ **Pflege:** je nach Anspruch an die Optik 1–3- mal pro Jahr düngen, bei Trockenheit bewäs- sern, regelmäßiger Schnitt erforderlich, Schnitthöhe 3,5–4,5 cm, Schnittgut aufneh- men. Bei Verwendung von Straußgräsern (*Agrostis*) steigen Nährstoff- und Wasserbe- darf an, außerdem starke Rasenfilzbildung; tieferer Schnitt möglich

Strapazierrasen

- ➤ **Belastbarkeit/Trittfestigkeit:** hoch
- ➤ **Mögliche Artenzusammensetzung:**
  60 % Deutsches Weidelgras (*Lolium perenne*)
  20 % Wiesenrispe (*Poa pratensis*)
  10 % Horst-Rotschwingel (*Festuca rubra com- mutata*)
  10 % Kurzausläufer-Rotschwingel (*Festuca rubra trichophylla*)
- ➤ **Verwendung:** idealer Spielrasen

- ➤ **Standort:** bevorzugt sandige bis schwach lehmige aber gut durchlässige Böden, da diese bei Belastung nicht verdichten; nicht schattenverträglich
- ➤ **Pflege:** je nach Belastung 2–4-mal pro Jahr düngen, bei Trockenheit bewässern, regel- mäßiger Schnitt etwa 1-mal pro Woche er- forderlich, optimale Schnitthöhe beträgt 3,5–4,5 cm

Schattenrasen

➤ **Belastbarkeit/Trittfestigkeit:** im Schatten gering, sonst hoch

➤ **Mögliche Artenzusammensetzung:**
60 % Deutsches Weidelgras (*Lolium perenne*)
15 % Wiesenrispe (*Poa pratensis*)
10 % Horst-Rotschwingel (*Festuca rubra commutata*)
10 % Kurzausläufer-Rotschwingel (*Festuca rubra trichophylla*)
5 % Lägerrispe (*Poa supina*)

➤ **Standort:** keine besonderen Boden- und Lichtansprüche, allerdings nicht für Schattenlagen unter Nadelbäumen geeignet

➤ **Pflege:** im Schatten 3–4-mal pro Jahr düngen, bei Trockenheit alle 3 Tage bewässern, regelmäßiger Schnitt nur bei Verwendung von Lägerrispe möglich, Schnitthöhe 4,5 cm, Schnittgut aufnehmen, bei Hainrispe (*Poa nemoralis*) als Mischungspartner nur wenige Schnitte im Jahr und keine Belastung möglich

Kräuterrasen

➤ **Belastbarkeit/Trittfestigkeit:** je nach Zusammensetzung gering bis mäßig

➤ **Mögliche Artenzusammensetzung:**
30 % Schafschwingel (*Festuca ovina*)
10 % Horst-Rotschwingel (*Festuca rubra commutata*)
15 % Kurzausläufer-Rotschwingel (*Festuca rubra trichophylla*)
15 % Ausläufer-Rotschwingel (*Festuca rubra rubra*)
10 % Wiesenrispe (*Poa pratensis*)

20 % Kräuter wie z. B. Mittlerer Wegerich (*Plantago media*), Herbstlöwenzahn (*Leontodon autumnalis*), Gänseblümchen (*Bellis perennis*), Thymian (*Thymus pulegioides*), Hornschotenklee (*Lotus corniculatus*), Hopfenklee (*Medicago lupulina*)

➤ **Pflege:** keine Düngung erforderlich, aber möglich, dann jedoch Verminderung des Kräuteranteils; monatlich mähen; bei extremer Trockenheit bewässern; Schnittgut aufnehmen

Blumenwiese

➤ **Belastbarkeit/Trittfestigkeit:** keine

➤ **Mögliche Artenzusammensetzung:** Gräser/Kräuteranteil beträgt etwa 80 zu 20. In Mischungen für trockene Lagen und sandige Böden sollten trockenheitsverträgliche Gräser und Kräuter überwiegen, für feuchte oder sogar staunasse Standorte enthalten die Mischungen feuchtliebende Arten. Auch spielen der Gehalt an organischer Substanz

(Humus) und der Kalkgehalt eines Boden bei der Artenzusammenstellung eine wesentliche Rolle

➤ **Standort:** Mischung kann darauf abgestimmt werden; nicht für Schattenlagen

➤ **Pflege:** 1–2-mal im Jahr mähen, Mähgut nach dem Aussamen aufnehmen, keine Düngung und Bewässerung erforderlich

Arbeitskalender

Januar – April: Der Start ins Rasenjahr

JANUAR

- ➤ **Planen:** Gibt es stark beschattete Stellen im Rasen, wo die Gräser zu wenig Licht bekommen? Dann sollten Sie daran denken, jetzt im Winter die Äste von Bäumen und hohe Sträucher zurückzuschneiden.
- ➤ **Probleme lösen:** Betreten Sie den Rasen nicht bei Frost oder Raureif. Die Gräser brechen wie Glas und sterben ab. Räumen Sie den Schnee nicht ab. Er dient den Gräsern als natürliche Schutzschicht.

FEBRUAR

- ➤ **Planen:** Denken Sie jetzt schon an die bald beginnende Saison: Der Rasenmäher muss dann startklar sein. Benzinmäher zur Inspektion bringen, Motoröl wechseln. Messer schärfen und Funktion des Mähers überprüfen lassen.
- ➤ **Probleme lösen:** Gefrorenen oder mit Raureif belegten Rasen nicht betreten. Schnee nicht abräumen. Günstige Jahreszeit, um Wühlmäuse zu fangen.

Mai – August: Den Rasen genießen

MAI

- ➤ **Anlegen:** Der Boden ist jetzt warm genug für eine Rasenaussaat.
- ➤ **Pflegen:** Je nach Rasentyp 1–2-mal wöchentlich mähen, Schnittgut aufnehmen. Bei anhaltender Trockenheit wurzeltief beregnen.
- ➤ **Probleme lösen:** Ab jetzt können Sie störende Unkräuter manuell oder mit einem Unkrautvernichter beseitigen. Falls Ihr Rasen eine Rundum-Erneuerung braucht, ist jetzt die beste Zeit dafür.

JUNI

- ➤ **Pflegen:** 1–2-mal wöchentlich mähen, bei trockenem Wetter eventuell Mulchen möglich. Bringen Sie die zweite Düngung für Strapazier- und Schattenrasen aus. Bei anhaltender Trockenheit muss wurzeltief beregnet werden.
- ➤ **Probleme lösen:** Auf Befall mit Käferlarven achten, eventuell biologisch bekämpfen. Mit Hexenringen befallenen Rasen intensiv aerifizieren und wässern.

September – Dezember: Den Rasen überwintern

SEPTEMBER

- ➤ **Gestalten:** Für Frühjahrsblüten jetzt Blumenzwiebeln in den Rasen setzen.
- ➤ **Pflegen:** 1–2-mal wöchentlich mähen. Zweiter Schnitt bei Blumenwiesen.
- ➤ **Probleme lösen:** Bei viel Rasenfilz nochmals vertikutieren. Bis Mitte September ist der beste Zeitpunkt zur Rasenerneuerung. Bei Bedarf Moos und Unkraut bekämpfen.

OKTOBER

- ➤ **Pflegen:** Wöchentlich, spätestens alle 14 Tage mähen, Schnittgut aufnehmen. Anfang Oktober eine kaliumbetonte Düngung zur Abhärtung der Gräser vornehmen. Stationäre Beregnungsanlagen entleeren und winterfest machen.
- ➤ **Probleme lösen:** Laub so bald wie möglich aufsammeln und als Mulchgut in Beeten und unter Bäumen verwenden.

MÄRZ

➤ **Pflegen:** Nach Wachstumsbeginn mit dem Mähen beginnen. Das Lüften vor dem Mähen säubert die Rasennarbe und richtet liegende Gräser auf. Sparen Sie die Bereiche mit Zwiebelblumen beim Mähen aus. Ende des Monats sollten Strapazier- und Schattenrasen das erste Mal gedüngt werden.

➤ **Probleme lösen:** Stark verfilztem Rasen können Sie nach Wachstumsbeginn mit dem Vertikutierer zu Leibe rücken.

APRIL

➤ **Pflegen:** Ab Mitte April wöchentlich mähen, Zierrasen sogar 2-mal pro Woche. Schnittgut aufnehmen und kompostieren oder zum Mulchen verwenden. Bereiche mit Frühlingsblumen beim Mähen aussparen. Zierrasen erhält jetzt die erste Düngung.

➤ **Probleme lösen:** Bei starker Vermoosung entfernen Sie das Moos durch Vertikutieren und säen die Kahlstellen mit einer geeigneten Rasenmischung nach.

JULI

➤ **Gestalten:** Entwickelt sich ein Trampelpfad durch den Rasen? Denken Sie über eine Möglichkeit der Weggestaltung nach.

➤ **Pflegen:** 1–2-mal wöchentlich mähen, bei trockenem Wetter eventuell Mulchen möglich. Erster Schnitt bei Blumenwiesen, Mähgut aussamen lassen. Bei Bedarf die zweite Düngung für Zierrasen ausbringen. Bei anhaltender Trockenheit wurzeltief beregnen. Die Kantenpflege nicht vergessen.

AUGUST

➤ **Planen:** Nutzen Sie das Regenwasser zum Rasengießen. Bei großen Rasenflächen den Bau einer Zisterne andenken.

➤ **Pflegen:** 1–2-mal wöchentlich mähen, bei trockenem Wetter eventuell Mulchen möglich. Ist der Rasen nach dem Urlaub zu hoch aufgewachsen, stufenweise heruntermähen. Kein Radikalschnitt! Dritte Düngung für Strapazier- und Schattenrasen. Bei Trockenheit wurzeltief beregnen.

NOVEMBER

➤ **Pflegen:** Solange es notwendig ist, den Rasen auf gewohnter Schnitthöhe mähen. Schnittgut aufnehmen. Lassen Sie den Rasen nicht zu hoch aufgewachsen in den Winter gehen, da er sonst gern von Schneeschimmel befallen wird.

➤ **Probleme lösen:** Laub schnell vom Rasen entfernen und als Mulchgut in Beeten und unter Bäumen ausstreuen.

DEZEMBER

➤ **Pflegen:** Nach dem letzten Schnitt Rasenmäher säubern und an trockenem Ort überwintern. Akku von Zeit zu Zeit aufladen.

➤ **Probleme lösen:** Gefrorenen oder mit Raureif belegten Rasen nicht betreten. Die Gräser brechen in diesem Zustand wie Glas und sterben an den Trittstellen ab. Schnee als natürliche Schutzschicht nicht abräumen.

Die **halbfett** gesetzten
Seitenzahlen verweisen auf
Abbildungen.

Literatur

Grahn, Jürgen: *Alles über Rasen und Sträucher.* Prisma-Verlag, Gütersloh, 1984

Grosser, Wolfgang u. Peter Himmelhuber: *Rasen.* Verlag Eugen Ulmer, Stuttgart, 1997

Thinschmidt, Alice u. Böswirth, Daniel: *Rasenprobleme.* Verlag Eugen Ulmer, Stuttgart, 2002

Wohlschlager, Josef: *Rasen und Blumenwiese.* Verlag Eugen Ulmer, Stuttgart, 1990

Wolff, Peter: *Rasen, Wiese, Bodendecker.* BLV Verlagsgesellschaft, München, 1984

Zeitschriften

Flora
Gruner + Jahr AG & Co
20459 Hamburg

Gartenspaß und
mein schöner Garten
Burda Senator Verlag GmbH
77652 Offenburg

Kraut & Rüben
DLV GmbH
80797 München

Adressen

Bodenuntersuchung:
Landwirtschaftliche Untersuchungs- und Forschungsanstalten (LUFA) der Bundesländer

Bodenprobensets im Fachhandel

Saatgut, Dünger, Pflanzenschutz:
Gartenfachhandel, Gartencenter

Compo GmbH & Co KG
Postfach 2107
D-48008 Münster
www.compo.de

Bruno Nebelung
Kiepenkerl Pflanzenzüchtung
Postfach 1263
D-48348 Everswinkel

WOLF-Garten
Industriestr. 83-85
D-57518 Betzdorf
www.wolf-garten.de

Rasenmäher, Vertikutierer:
Gartenfachhandel, Gartencenter

Honda Rasenmäher
Postfach 20 02 22
D-63077 Offenbach
www.honda.de

SABO
Postfach 31 03 93
D-51618 Gummersbach
www.sabo.com

Toro
Roth Motorgeräte
Stuifenstr. 48
D-74385 Pleidelsheim
www.roco.de

Viking
Robert-Bosch-Str. 13
D-64807 Dieburg
www.stihldeutschland.de

WOLF-Garten
Industriestr. 83-85
D-57518 Betzdorf
www.wolf-garten.de

Beregnung:
Gardena
Hans-Lorenser-Str. 40
D-89079 Ulm
www.gardena.com

Perrot Regnerbau
Industriestr. 19–29
D-75382 Althengstett
www.perrot.de

Fertigrasen:
Lieferanten siehe unter
Deutsche Rasengesell-
schaft e.V.
Godesberger Allee 142–148
D-53175 Bonn
www.rasengesellschaft.de

Rasenberatung:
Compo GmbH & Co KG
Postfach 2107
D-48008 Münster
www.compo.de

Deutsche Rasengesell-
schaft e.V.
Godesberger Allee 142–148
D-53175 Bonn
www.rasengesellschaft.de

Bruno Nebelung
Kiepenkerl Pflanzenzüchtung
Postfach 1263
D-48348 Everswinkel

WOLF-Garten
Industriestr. 83-85
D-57518 Betzdorf
www.wolf-garten.de

Bildnachweis

Gardena: 3, 8 u., 12, 31; Hahnenstein: 11 re. u.; Jahreiß: U1
mi., 2/3, 20, 24, 25 u., 40; Krä-
mer: U1 o., U1 u., 15, 25 mi.,
30, 41, 46, 47; Krieg: 11 li.;
Laux: 49 re., 53 li.; Nichols:
U2/1; Nickig: 51 mi.; Pforr:
48, 49 li., 49 mi., 50 li., 52 li.,
53 mi., U4 mi., PhotoPress/
IBE: 38; PhotoPress/Master:
9; PhotoPress/Rauh: 22; Pho-
toPress/Rose: 18; Pott: 52 re.;
Redeleit: 7, 10, 16, 44/45, 64,
U4 li.; Reinhard: 19, 25 o., 42
re., 53 re.; Schneider/Will: 50
re., 51 li., 51 re; Stein: 11 re. o.;
Stork: 13, 27, 32, 33, 34, 37,
U4 re.; St. Romaine: 17;
Strauß/GBA/Didillon: 8 o.;
Strauß/GBA/GPL/Glover: 43
re. o.; Strauß/GBA/Perdereau:
21; Wiener: 4/5; WOLF-Garten: 6, 14, 23, 26, 28, 29, 35,
36, 39, 42 li., 43 li. o., 43 li.
mi., 43 li. u., 43 re. u.
**Fotos auf dem Umschlag
und im Innenteil:** Umschlag-
vorderseite: Füße im Gras;
Umschlag innen/S.1: kleiner
Garten mit gepflegtem Rasen;
S. 4/5: Regner auf Rasen;
S. 44/45: Krokusse auf Rasenfläche; S. 64: Grashalme mit
Tau; Umschlagrückseite:
Rasen bewässern (li.), Krokusse (mi.), Rasen vertikutieren (re.).

Wichtige Hinweise

➤ Bewahren Sie Dünge- und Pflanzenschutzmittel für Kinder und Haustiere unerreichbar auf.

➤ Wenn Sie sich bei der Arbeit verletzen, sollten Sie umgehend einen Arzt aufsuchen. Eventuell ist eine Impfung gegen Tetanus erforderlich.

➤ Einige der hier beschriebenen Pflanzen sind giftig oder hautreizend. Sie dürfen nicht verzehrt werden.

Der Autor

Dr. Harald Nonn ist seit über 10 Jahren bei der Firma WOLF-Garten beschäftigt. Als Leiter der Abteilung »Vegetationstechnische Beratung und Forschung« berät er Praktiker im In- und Ausland bei der Anlage und Pflege von Rasenflächen. Darüber hinaus ist er Sachverständiger für Sportplatzbau und Prüfer bei der Greenkeeperausbildung.

Dank

Verlag und Autor danken den Firmen Gardena und WOLF-Garten für die zur Verfügung gestellten Fotos und die freundliche Unterstützung bei der Bildproduktion.

Impressum

© 2003 Gräfe und Unzer Verlag GmbH, München Alle Rechte vorbehalten. Nachdruck, auch auszugsweise, sowie Verbreitung durch Film, Funk, Fernsehen und Internet, durch fotomechanische Wiedergabe, Tonträger und Datenverarbeitungssysteme jeder Art nur mit schriftlicher Genehmigung des Verlags.
Redaktionsleitung: Anne Hahnenstein
Redaktion: Angelika Holdau
Lektorat: Karin Heimberger-Preisler
Bildredaktion: Adriane Andreas und Angelika Holdau
Umschlaggestaltung und Layout: independent Medien-Design, München
Produktion: Susanne Mühldorfer
Satz: Uhl + Massopust, Aalen
Reproduktion: Longo, Bozen
Druck und Bindung: Kaufmann, Lahr
Printed in Germany
ISBN 3-7742-5747-7

Auflage	4	3	2	1
Jahr	2006	2005	2004	2003

GRÄFE
UND
UNZER

Ein Unternehmen der
GANSKE VERLAGSGRUPPE

GU PFLANZENRATGEBER

Wenig tun, viel genießen.

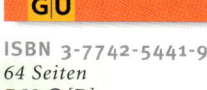

Gärtnern schnell & einfach? Gar kein Problem! Verwandeln Sie Garten, Terrasse, Balkon und Haus im Handumdrehen in eine grüne Oase. Das 5-Stufen-Erfolgsprogramm zeigt, wie's geht.

WEITERE LIEFERBARE TITEL BEI GU:

➤ **GU PFLANZENRATGEBER:** Gartenteiche, Rosen, Küchenkräuter, Zitruspflanzen, Küchengarten

Gutgemacht. Gutgelaunt.

GUT PLANEN

Planen Sie eine ausreichend große Rasenfläche ein. Lassen Sie aber auch **genug Platz** für Blumen, Sträucher und Bäume. Rasen mit geschwungenen Konturen wirken eleganter. Befahrbare **Rasenkanten** erleichtern das Mähen. An ganztägig stark beschatteten Plätzen auf Rasen verzichten.

So haben Sie Freude an Ihrem Rasen

AUSSAAT VOM FEINSTEN

Eine **Start-Düngung** sichert die Nährstoffversorgung. Der beste **Aussaatzeitraum** ist Mitte August bis Ende September. Bringen Sie die Samen gleichmäßig aus, und rechen Sie sie flach ein. Das Saatbett über 3 Wochen **gleichmäßig feucht** halten. Erster Schnitt bei 8–10 cm Wuchshöhe.

RASEN RICHTIG DÜNGEN

Rasengräser brauchen vor allem Stickstoff. Verwenden Sie **Rasenlangzeitdünger** – dem Rasen und der Umwelt zuliebe. Für eine gleichmäßige Verteilung des Düngers sorgt ein **Streuwagen**. Kräuterrasen und Blumenwiese werden nicht gedüngt.

FILZ BESEITIGEN

Regelmäßiges Lüften beugt der Filzbildung vor. Rasenfilz wird durch **Vertikutieren** im Frühjahr entfernt. Bei sehr starker Verfilzung ist es ratsam, den Vorgang im Herbst zu wiederholen. **Aerifizieren** belüftet den Boden und macht ihn durchlässiger.